名人传记

爱因斯坦传

有"世纪伟人"之称的物理学家

赵小龙 ◎ 编著

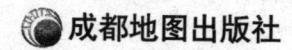

成都地图出版社

图书在版编目（CIP）数据

爱因斯坦传 / 赵小龙编著. -- 成都：成都地图出版社，2018.4（2023.3重印）
ISBN 978-7-5557-0896-4

Ⅰ.①爱… Ⅱ.①赵… Ⅲ.①爱因斯坦(Einstein, Albert 1879-1955) – 传记 – 青少年读物 Ⅳ.①K837.126.11-49

中国版本图书馆CIP数据核字(2018)第061675号

爱因斯坦传
AIYINSITAN ZHUAN

责任编辑：魏小奎
封面设计：吕宜昌
出版发行：成都地图出版社
地　　址：成都市龙泉驿区建设路2号
邮政编码：610100
印　　刷：三河市同力彩印有限公司
（如发现印装质量问题，影响阅读，请与印刷厂商联系调换）
开　　本：710mm×1000mm　1/16
印　　张：8　　　　　　　字　　数：120千字
版　　次：2018年4月第1版
印　　次：2023年3月第5次印刷
书　　号：ISBN 978-7-5557-0896-4
定　　价：35.00元

版权所有，翻印必究

导读 Introduction

Einstein
爱因斯坦

阿尔伯特·爱因斯坦（Albert Einstein，1879—1955年），犹太人，出生于德国一个有着良好文化氛围的犹太家庭。1933年因受纳粹政权迫害，迁居美国，从事理论物理研究，1940年加入美国国籍。他是现代物理学的开创者、集大成者和奠基人，同时也是一位著名的思想家和哲学家。

爱因斯坦是人类历史上最具创造性才智的人物之一。他一生中开创了物理学的四个领域：狭义相对论、广义相对论、宇宙学和统一场论。他还是量子理论的主要创建者之一，在分子运动论和量子统计理论等方面也做出了巨大贡献。由此，人们称他为"物理史上最伟大的科学巨人"。1921年，爱因斯坦对光电效应做出了科学的解释，并因此获得了"诺贝尔物理学奖"。

19世纪末是物理学的变革时期，科学界里正活跃着爱迪生、洛伦兹、居里夫妇等一批优秀的科学家，他们新的实验结果冲击着伽利略、牛顿以来建立的经典物理学体系。年轻的爱因斯坦不为传统所束缚，在洛伦兹等人研究工作的基础上，对空间和时间这样的一些基本概念做了本质上的变革。这一理论上的根本性突破，开辟了物理学的新纪元，这即是作为爱因斯坦终生事业标志的相对论。

爱因斯坦的相对论分为狭义相对论和广义相对论。1895年，爱因斯坦了解到一条物理学规律：光是以很快的速度前进的电磁波。由此，他提出了一个问题：如果一个人以光的速度运动，他将看到一幅什么样的世界景象呢？在这之后，爱因斯坦对与光波有关的所谓以太的问题进行了长达10年的研究思考。最终他领悟到：时间没有绝对定义，时间与光信号的速度有一种不可分割的联系。他从而找到解开以太问题的钥匙，完成了狭义相对论的论述。狭义相对论成功地揭示了能量与质量之间的关系，解决了长期存在的恒星能源来源的难题。近年来，科学家们发现，狭义相对论已成为解释越来越多的高能物理现象最基本的理论工具。

狭义相对论，对于力学、热力学和电动力学的物理规律认识是正确的，但是，它却不能对引力问题做出合理的解释。而且，狭义相对论与以前的物理学规律一样，都只适用于惯性系。但实际上，要想找到真正的惯性系是很难的。于是，1907年，爱因斯坦提出了等效原理和封闭箱的概念。经过8年的潜心研究，他先后在四篇论文中提出了一些新的看法，不仅证明了水星近日点的运动，而且还给出了正确的引力场方程。于是，广义相对论诞生了。爱因斯坦的广义相对论对天体物理学，特别是理论天体物理学有着很大的影响。它解决了一个天文学上多年的不解之谜，并推断出后来被验证了的光线弯曲现象，成为后来许多天文概念的理论基础。

爱因斯坦不仅是一个伟大的科学家，一个富有哲学探索精神的杰出思想家，同时还是一个有着高度社会责任感的正直的人。他一生专注和平，尤其晚年更是以极大的热忱投入社会，关心政治，反对战争，呼吁和平。爱因斯坦曾先后生活在西方政治旋涡中心的德国和美国，经历过两次世界大战。他深刻地体会到，一个科学工作者的劳动成果会对社会产生怎样的影响，一个知识分子要对社会负怎样的责任。所以，在第一次世界大战期间，他便投入了公开的和地下的反战活动。1933年，纳粹攫取德国政权后，积极反战的爱因斯坦成了科学界首要的受迫害对象。幸而当时他在美国讲学，才免遭纳粹的毒手。第二次世界大战结束前夕，美国在日本广岛和长崎上空投掷原子弹，爱因斯坦对此强烈不满。战后，他积极开展反对核战争的和平运动，为反对美国国内的法西斯危险行动进行了不懈的斗争。

爱因斯坦一心希望科学造福于人类，但他却目睹了科学技术在两次世界大战中所造成的巨大破坏，因此，他认为战争与和平的问题是当代的首要问题，他一生中发表的最多的也是这方面的言论。他的美好品格和为科学献身的精神是我们人类的宝贵财富。

本书以丰富的史料、动人的故事刻画出爱因斯坦传奇的一生。深入浅出的物理学理论、有趣的故事、饱含哲理的启示等都会让读者受益匪浅。爱因斯坦就是一条真理之河，无论我们从哪个角度观之，都会为之震撼感喟。这就是巨人的力量，人类的骄傲！

目录 Contents

第一章
纯真的孩提时代

- 天才的诞生 …………………… 2
- 天才只是个"笨家伙" …… 5
- 对宗教的思考 ………………… 7

第二章
叛逆的中学时代

- 初入数学之门 ……………… 13
- 数学天才初露锋芒 ………… 16
- 孤独、窒息的中学生活 … 19

第三章
曲折美妙的大学时代

- 固执而不守规矩的物理新秀 … 24
- 窘迫的大学生活 ……………… 28
- 真挚的同窗之谊 ……………… 31

第四章
初涉职场

- 求职受挫 ……………… 36
- 伯尔尼专利局 ………… 39
- 专利局三级技术员 …… 41

第五章
疯狂的学术研究时代

超越时代的伟大发现 …… 46
特立独行的大学讲师 …… 50
享誉学术界 …………………… 55

第六章
"一战"阴云

军国主义的迫害 ………… 61
激动人心的伟大验证 …… 64
播种和平的学者 ………… 69

第七章
高尚的情操

爱因斯坦在中国 ………… 76
伟大的发现源自生活 …… 78
与居里夫人的友谊 ……… 80

第八章
纳粹迫害

差点成为暗杀目标 ……… 85
决心为和平而战斗 ……… 89
"爱因斯坦事件" ………… 93

第九章
普林斯顿的平静生活

迁居美国 …………… 97
写给后代子孙的信 …… 100
与世长辞 …………… 103

第十章
生活中的爱因斯坦

点滴生活 …………… 108
爱因斯坦与烹饪 ……… 111
天才的大脑 …………… 113

名人年谱 ………………… 117

第一章

Einstein

纯真的孩提时代

> 真正有价值的东西不是出自雄心壮志或单纯的责任感，而是出自对人和对客观事物的热爱和专心。
>
> ——［美］爱因斯坦

▶ 天才的诞生

1879年3月14日，在德国乌尔姆小城，随着一声孩子的啼哭，一个小生命诞生了。父母为他起了一个充满希望的名字：阿尔伯特·爱因斯坦。

大凡天才的童年，总会有些超乎寻常的故事，爱因斯坦也一样。刚出生的时候，爱因斯坦的后脑长得非常大，而且头骨还是有棱有角的。

爱因斯坦的母亲看到自己的头胎儿子竟然长着这样一个异样的头骨，十分惊讶。就连爱因斯坦的祖母看到孙子，也低声嘀咕起来："这样的脑袋简直是太重了！太重了！"她一直都很纳闷：一个弱小的身体，是如何将这颗硕大的脑袋支撑起来的？

爱因斯坦的父亲和母亲都是犹太人。早在16世纪，爱因斯坦的犹太祖先便被迫从不知名的地方迁徙到了德国。经历了几十年的漂泊生活之后，他们渐渐放弃了犹太人四处迁徙的古老传统，在德国开始了定居生活。到了爱因斯坦的父母这一代，他们实际上已经成为地地道道的德国人了。

幼年时的爱因斯坦

爱因斯坦的父亲赫尔曼·爱因斯坦和母亲波琳·科克两家人一直都是居住在德国乌尔姆城的。1876年8月8日，他们二人结为夫妇。结婚之后，两人便在慕斯特广场安了家。

父亲赫尔曼有着非常高的数学天赋，在中学时代就引起了别人的注意。由于爱因斯坦的爷爷没有钱供他上大学，他不得不放弃了学业。离开学校之后，父亲开始经商，可是犹太人善于经商赚钱的传统却没有在父亲的身上得到骄傲的体现，父亲在生意场上一直表现平平。父亲是一个精神上的乐天派，他心灵平静、诚实温和，德意志民族追求崇高人格的文化韵味让他如痴如醉。

每天吃过晚餐之后，他总爱在客厅里高声诵读一些自己喜欢的作品，像席勒、海涅的作品都是他经常诵读的。每当读到精彩的地方他就会突然停下脚步，先用漂亮的动作摘下夹鼻眼镜，然后再用他那双温柔的眼睛盯着亲爱的妻子，说："听呀，亲爱的波琳，这首诗歌多美！"

爱因斯坦的母亲像大多数犹太女性一样，既贤惠，又能干。由于家境优裕，她从小就接受了良好的教育，文化修养极高，不仅喜欢文学，还喜欢音乐。

共同的爱好使得爱因斯坦的父母关系非常融洽，他们不仅营造了一个温馨和谐的家庭，还为爱因斯坦的成长营造出了品位极高的文化氛围。

父亲的数学天赋，母亲的音乐天赋，恰到好处地合成出一个伟大的爱因斯坦。非凡的思维能力、丰富的想象能力，就是爱因斯坦继承父母天赋的明证。

爱因斯坦出生后不久，父亲在乌尔姆的小本经营就遇到了麻烦。在弟弟雅各布的建议下，他们决定迁居慕尼黑，合办一家安装煤气和自来水管道的小工厂。

带着对未来的憧憬，1880年，父亲带着全家人一起来到了慕尼黑。刚开始的一段时间，工厂的生意比较兴隆。为了进一步的发展，父亲和自己的兄弟将全部积蓄都拿了出来，在外祖父的资助下，合力开办了一家电子技术工厂，主要制造发电机、电弧灯、测试仪表等电气器材。

在父亲的经历中，慕尼黑的14年，经营惨淡，充满了苦涩的味道，可是，对于爱因斯坦来说，这却是温暖、安宁、幸福的14年。

慕尼黑是德国第三大城市，也是巴伐利亚州的首府。这里有许多文艺复兴时的建筑，风格多样，景色迷人，历来就被认为是欧洲最美的城市之一。

爱因斯坦一家的住处，就位于慕尼黑郊区的林德林地区，这里浓荫蔽日，绿茵环抱，是一个居家生活的好地方。

天性浪漫的父亲在做生意之余，最喜欢做的事情就是带领家人一起去郊外游玩。每到这时候，爱因斯坦都会积极支持。

爱因斯坦似乎天生就对大自然有着浓厚的兴趣，他经常将两只好奇的眼睛瞪大，将自己的双唇紧闭住，默默地跟着父母走来走去，默默地注视着眼前的自然景色。

自然界的美与神秘，一次次地冲击着爱因斯坦的心扉。慕尼黑郊外的自然风光在爱因斯坦幼小的心灵中播撒下了自由自在、正义和平的种子。同时，大自然的静谧也让爱因斯坦养成了独自沉思的生活、研究方式，也给了他无穷的灵感、启迪。直到多年以后，爱因斯坦还总是寻找远离繁华都市的乡村作为居住地。

1946年，67岁的爱因斯坦在《自述》中忘情地说：

"当我还是一个相当早熟的少年的时候，我就已经深切地意识到，大多数人终生无休止地追逐的那些希望和努力是一点意义都没有的。我很快就发现了这种追逐的残酷，这在当年较之今天是更加精心地用伪善和漂亮的字句掩饰着的。"

"每个人只是因为有个胃，才要参与这种追逐的。参与这种追逐，他的胃是有可能得到满足的；但是，一个有思想、有感情的人却不能由此而得到满足。"

▶ 天才只是个"笨家伙"

爱因斯坦刚出生的时候，模样特别可爱，父母对他寄予了全部的期望。然而，没过多长时间，父母就失望了。

爱因斯坦不太活泼，不喜欢说话。其他人家的孩子都开始学说话了，已经3岁的爱因斯坦才"咿呀"学语。后来，就连爱因斯坦的妹妹，比他小两岁的玛雅都已经能够和邻居家的孩子进行顺畅的交谈了，而爱因斯坦说起话来却还是支支吾吾的……

看着举止迟钝的爱因斯坦，父母很担心。他们害怕爱因斯坦是哑巴，于是，就带着他去看医生。最后，检查结果证明：爱因斯坦不是哑巴。看到这个结果，父母当然非常开心。

可是，3岁的爱因斯坦经常会用自己的手托着腮呆坐在床上，想他自己的问题。看到这里，父母开始担忧了："这孩子不会说话，就知道坐那儿发呆，是不是脑子有问题啊？"

春去冬来，年复一年，爱因斯坦渐渐地长大了。

一年秋天，为了欢迎从意大利来的爱尔莎（她是爱因斯坦的表妹），父亲又带着一家人到郊外去野餐。

和煦的阳光洒在大地上，在林中的空地上留下斑驳的树影。母亲一边快乐地哼着小曲，一边烤着肉谈着事，还要时不时地向远处瞥一眼——爱因斯坦正在和小羊们玩耍。

母亲走了过去，将几串已经烤好的肉递给爱因斯坦。可是，他却呆呆地看着袖口边沾着的羊毛，忘了妈妈递过来的烤肉。

"妈妈，"爱因斯坦问道，"您身上的毛衣，就是用很多很多的羊毛织起来的吗？"

"那当然，"爱尔莎回答说，"在意大利的工厂里，送进去的是一车一车的白羊毛，出来的却成了一团团漂亮的可以用来织毛衣的毛线。"

母亲还补充说："意大利的太阳特别亮，天空特别蓝，因为它在大海边……"

"哦，大海，大海是什么呀？"玛雅问。

"大海就是……"爱尔莎说不上来了，"就是很多很多的水，汇集在很大很大的地方，而且上面有许多许多大轮船在开，可以乘坐好多好多人呢！"

"哥伦布发现美洲，是不是就是乘这种大轮船的？"爱因斯坦兴奋起来，他把装食品的空木箱子翻过来，又在前面系上两根绳子，"来呀，我们来坐大轮船。"

爱尔莎和玛雅觉得这个主意不错，就坐进箱子里，当起了乘客。爱因斯坦则背起绳子，大喊一声："开船喽！"然后，就拖着木箱在草地上奔跑起来。

童年时代的爱因斯坦喜欢独来独往。他经常故意躲开小伙伴、同学，即使是和家人在一起，他也只做一个沉默的听众。不过，如果哪个人无意中破坏了他独处的心境，一向沉静的他就会突然爆发出激烈的情绪。

后来，爱因斯坦的妹妹回忆说："每逢那样的时刻，他就会变得脸色苍白，鼻尖发白，不能自制。"有几次，爱因斯坦竟向比自己小两岁的妹妹扔东西，大发脾气。

爱因斯坦5岁的时候，父母为他请了一个家庭女教师。第一次上课时，爱因斯坦发现自己将失去自由的个人世界，于是大发脾气，向老师扔椅子以示抗议。爱因斯坦的父母只好结束了这第一次还未开始的教育。

不爱和人交往的爱因斯坦偏喜爱那些需要耐心和坚韧的游戏，如用薄薄的纸片搭房子。在做这些游戏的时候，爱因斯坦异常地投入，不成功绝不罢休。

一转眼，爱因斯坦10岁了，父母才把他送去上学。可是，在学校里，爱因斯坦受到了老师和同学们的集体嘲笑，大家都称他为"笨家伙"。

学校要求学生上下课都按军事口令进行，由于爱因斯坦反应迟钝，所以，就经常被老师呵斥、罚站。有的老师甚至还会指着他的鼻子骂："这鬼东西真笨，什么课程也跟不上！"

有一次，上完劳作课，同学们都交上了自己的作品，唯独爱因斯坦没有交。直到第二天，他才送来一只粗陋的小板凳。

老师看到这只小板凳，生气地说："我想，世界上不会有比这更糟糕的小板凳了……"

在哄堂大笑中，爱因斯坦红着脸站起来说："有的。"

说着，他就从课桌下拿出两只更不像样的小板凳，举起一只说："这是第一次做的。"又举起另一只说："这是我第二次做的……刚才交的，是我第三次做的。虽然它还不能使人满意，但是总比这两只要强一些。"

一口气讲了这么多话，爱因斯坦自己也感到吃惊。老师更是目瞪口呆，坐在那里不知说什么好。

谁知道，就是这位当年被人们称为"笨蛋""笨东西"，被大家认为无法成才的爱因斯坦，长大后竟然有15所大学先后授予了他博士证书，法国、德国、美国、波兰等许多国家的著名大学都想聘请他做教授，他成了全世界公认的、最杰出的聪明人物之一。

▶ 对宗教的思考

爱因斯坦是在一个不信教的家庭里长大的。父亲对宗教的清规戒律不屑一顾，他一直都坚持认为：宗教是一种迷信，它是建立在古代迷信的基础上的。

但是，巴伐利亚的法律却规定：所有的学龄儿童都必须接受宗教教育。看到爱因斯坦的同学中绝大多数都是天主教徒，附近也找不到犹太拉比（拉比即口传律法的教师），父母就给爱因斯坦请了一位远方亲戚，在家里给他讲授基本的犹太教教义。结果，这位亲戚把爱因斯坦变成了狂热的正统犹太教徒。

在12岁之前，爱因斯坦都有着强烈的宗教情绪。他一丝不苟地遵从着教义训示，信奉基督教的耶稣，同时，也信奉犹太教的耶和华。看到父母不守教规、不做祷告，爱因斯坦就非常反感。他还亲自谱写了几首尊崇上帝的歌，每天，不管是上学途中，还是放学路上，他都会热情地独自哼唱这些歌曲。

在爱因斯坦的心灵中，他的宗教情感强烈、纯洁。但是，他在学校是天主教徒，在家又是犹太教徒，这两种宗教的历史冲突最终不可避免地伤害了爱因斯坦。

一天，上课的时候，宗教老师带着一只大钉子来到班上，他告诉同学们："犹太人自称是上帝的选民，可是，他们用这样大的钉子，把上帝的儿子、我们的救世主钉在了十字架上。"

宗教老师举起那只大钉子，声音颤抖起来："我们的主耶稣，手和脚被钉在十字架上，淌着鲜血。可是，犹太人还耻笑他说：ّ如果你是上帝的儿子，你就从十字架上下来！'我们的主耶稣痛苦地垂下了头，鲜血一滴一滴往下流……"

爱因斯坦知道很多人都憎恨犹太人，街上反犹太人的恶毒咒骂声，又在耳边响起来。爱因斯坦搞不懂了：既然都是上帝的儿子，为什么要相互残杀，彼此憎恨呢？

教育人相互尊重、相互友爱的宗教却让人和人之间相互咒骂、相互残杀，真是太不可思议了。爱因斯坦要的是一个和谐、善良、光照一切的上帝，他讨厌一切教派间的争吵、攻击和谩骂。也许从这一刻起，爱因斯坦就拥有了自己独特的宗教观。

12岁的时候，爱因斯坦接触到了《力和物质》和《自然科学通俗读本》两本书。从此以后，他便抛弃了世俗的宗教观，既不信仰《圣经》里的上帝，也不信来世的天堂，更不再以虔诚的祈祷去铺平通向天堂的道路了。步入科学殿堂的爱因斯坦以纯洁的宗教感情迷恋起新的"上帝"——和谐的宇宙、自然规律。

在《自述》中，爱因斯坦有一段很长的回忆，清晰地讲述了自己宗教信仰的变化过程。他说：

"这种信仰在我12岁那年就突然中止了。由于读了通俗的科学书籍，我很快就相信，《圣经》里的故事有许多不可能是真实的。其结果就是一种真正狂热的自由思想，并且交织着这样一种印象：国家是故意用谎言来欺骗年轻人的。这是一种令人目瞪口呆的印象。"

"这种经验引起我对所有权威的怀疑，对任何社会环境里都会存在的信念完全抱一种怀疑态度，这种态度再也没有离开过我，即使在后来，由于更好地搞清楚了因果关系，它已失去了原有的尖锐性时也是如此。我很清楚，少年时代的宗教天堂就这样失去了，这是使我自己从'仅仅作为个人'的桎梏中，从那种被愿望、希望和原始感情所支配的生活中解放出来的第一个尝试。"

"在我们之外有一个巨大的世界，它离开我们人类而独立存在，它在我们面前就像一个伟大而永恒的谜，然而只有少部分是我们的观察和思维所能及的。对这个世界的凝视深思，就像得到解放一样吸引着我们，而且我不久就注意到，许多我所尊敬和钦佩的人，在专心从事这项事业中，找到了内心的自由和安宁。在向我们提供的一切可能范围内，从思想上掌握这个在个人以外的世界，总是作为一个最高目标而有意无意地浮现在我的心目中。有类似想法的古今人物，以及他们已经达到的真知灼见，都是我不可失去的朋友。通向天堂的道路，并不像通向宗教天堂的道路那样舒坦和诱人。但是，它已证明是可以信赖的，而且我从来也没有为选择了这条道路而后悔过。"

爱因斯坦以科学家的眼光向世俗宗教提出了疑问和批判，又以科学家的逻辑讲述着新的"上帝"的故事。

1929年4月24日,纽约犹太教堂牧师哥耳德斯坦从纽约给柏林发来一份海底电报,问爱因斯坦:"您信仰上帝吗?回电费已付。请最多用50个字回答。"

爱因斯坦在接到电报的当天,就发了回电:"我信仰斯宾诺莎的那个存在于事物的有秩序的和谐中显示出来的上帝,而不信仰那个同人类的命运和行为有所牵累的上帝。"

这里所说的"那个同人类的命运和行为有所牵累的上帝",当然是指教会所推崇的、被千万虔诚教徒所礼拜的那个"世俗"的上帝,而斯宾诺莎的"那个存在于事物的有秩序的和谐中显示出来的上帝"则是指与自然秩序合二为一的上帝!

宗教,曾是科学的敌人,著名科学家哥白尼和布鲁诺就曾遭受过它的无情迫害。如今,科学却从宗教中看到一种潜藏的价值。

从宗教情感到科学理智,再到两者的融合,这是爱因斯坦思想发展的轨迹,也是理论物理学的发展引申出来的一个新课题。爱因斯坦为之探索了一生,他的后继者们还在继续探索着。

名人名言·童年

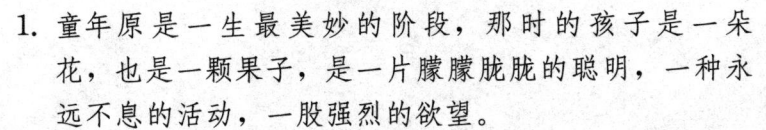

1. 童年原是一生最美妙的阶段,那时的孩子是一朵花,也是一颗果子,是一片朦朦胧胧的聪明,一种永远不息的活动,一股强烈的欲望。

   ——[法]巴尔扎克

2. 孩子们无忧无虑的笑声,有如一股淙淙流动的泉水,把那陶醉于生活魅力的动人的欢笑,送上了生活的祭坛。

   ——[苏联]高尔基

3. 要是童年的日子能重新回来,那我一定不再浪费光阴,我要把每分每秒都用来读书!

   ——[印度]泰戈尔

4. 幸福的年代,谁会拒绝再体验一次童年生活。

   ——[英]拜 伦

5. 童年是理智的睡眠期。

   ——[法]卢 梭

6. 儿童喜欢尘土,他们的整个身心像花朵一样渴求阳光。

   ——[印度]泰戈尔

7. 童年的一天一天,温暖而迟缓,正像老棉鞋里面,粉红绒里子上晒着的阳光。

   ——张爱玲

8. 童年只有在回忆中显现时,才成就了那份完美。

   ——三 毛

9. 有了苍白的童年,才能有无情的壮年。

   ——韩 寒

第二章

Einstein

叛逆的中学时代

学习并不等于模仿某种东西，而是掌握技巧和方法。

——［苏联］高尔基

▶ 初入数学之门

1888年10月，爱因斯坦从慕尼黑国民学校进入路易波尔德高级中学学习。一个星期天的早晨，雅各布叔叔来了，看到爱因斯坦的卧室里到处都是书，就笑呵呵地从提包里掏出一本书来说："你读了那么多书，这本你能读懂吗？"

爱因斯坦接过来一看，封面上没有图画，只有几个大字：欧几里得平面几何。

"你读的这些书，可以使你胸怀大志，品德高尚。"雅各布叔叔说，"而这本书呢，可以使你变得聪明。"

爱因斯坦翻开书，里面都是计算式和各种各样的图，有些很像埃及法老的藏宝图，看上去就有种神秘的感觉。爱因斯坦一眼就喜欢上了这本书。

雅各布叔叔说："那些书，你一天可以读一本，可是这本书，有时候几天也读不了一页呢。"

"我不信！"爱因斯坦有点不服气地说，"学校里布置的数学作业，哪天不是十道八道的？"

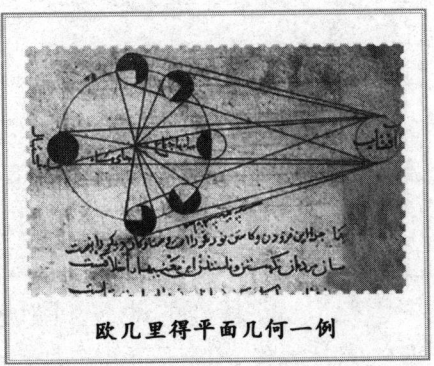

欧几里得平面几何一例

雅各布笑了，他随意地翻到一页说："这一页有两道题，你试试看，解出一道题目需要花多少时间？"

爱因斯坦快速地看了一下，第一道题只有几个字：三角形的三条高相交于一个点。看上去好像很简单，可琢磨起来又让人觉得高深莫测，他傻眼了。

雅各布叔叔抓过一支笔，在白纸上画了一个很大的三角形，然后画上几条辅助线，点上几个点，再注上几个字母。他把题目向爱因斯坦解释了一遍，最后说："好好想想，给你一个星期的时间，看看我的侄儿有没有猴子那样聪明。"

爱因斯坦看着这么多书堆着，觉得应该列个读书计划。他要学的是猴子的机灵，可不是要像猴子那样捡了西瓜就丢了芝麻。

爱因斯坦很快画了一张表，像学校的课程表那样，把每天在家的时间都安排得满满的。他还征得妈妈的同意，把客厅那台一人高的自鸣钟移到了自己的卧室里。

"很好，我的儿子，"母亲看了他制定的时间表后，说，"别忘了练琴时间，这可是最好的休息放松方式。"

"孩子，"母亲说，"坚持，计划不错，关键是要坚持。"

爱因斯坦并没有因为雅各布叔叔的约定而显得很忙乱，每天放学回来，他都按照自己制定的计划，该做什么就做什么。

这样，他用于思考的时间就多了。在学校里，当同学们在操场上做游戏、打球的时候，他总是一个人坐在围墙边的灌木丛里，用一根树枝在地上画来画去，画的都是些同学们看不懂的图形。

刚开始，爱因斯坦总是在三条边和它们的高上找关系，后来又添加一根根的辅助线。思路拓宽了，但死结头好像更多了，爱因斯坦觉得自己老是在牛角尖里钻进钻出。

这天，他又思考起这道题目。想着想着，不知不觉来到院子里。院子很大，种植着不少花草和冬青树，也堆着一些杂物，是爱因斯坦从小玩耍的地方。围墙边上有两个很大的蚂蚁洞，两窝蚂蚁常常打仗，黑压压的一片。他常常在这儿一蹲就是半天。

突然，爱因斯坦看见蚂蚁窝上面，在墙和蔷薇之间结了一个很大很大的蜘蛛网，一轮轮多边形的蛛网正在微风中晃动。一只灰黑色的大蜘蛛从网的中心垂直吊下来，虎视眈眈地盯着一只被网粘住的小飞虫。

爱因斯坦目不转睛地看了好久蜘蛛吊下来的那根丝。垂线，垂线！他顿时想到，用垂线方法可以解开那道题。他飞快地冲进屋子里，草草地在纸上画了一下，茅塞顿开，然后就在本子上仔细演算起来。没多久，求证成功！爱因斯坦兴奋地跳到床上使劲儿蹦起来。

解出一道难题后，心里的愉悦是很难用语言表达的，很像是在山顶露营时，突然看到太阳越出地平线的那一刻。爱因斯坦除了感到舒心和自信外，还渴求能再解开下一道难题。就好像大脑机器发动起来后，一下子停不下来。

第二道题是著名的数学家毕达哥拉斯提出的定理：直角三角形斜边平方等于两条直角边平方之和。其实，比毕达哥拉斯更早几百年，一个叫商高的中国人就发现了这个定理，称之为勾股定理。

爱因斯坦只用了一天就将这道题解出来了。他对几何的兴趣被大大地激发起来。题目越做越多，越做越快，也越做越快乐。爱因斯坦说话更少了，因为无论在马车里还是在餐桌上，他都在想问题。

到了约定的日子，雅各布叔叔来了，爱因斯坦捧出一大沓凌乱的草稿纸。看到《欧几里得平面几何》这本书上有好多题目打上了勾，雅各布惊奇地睁大了眼睛。

"下个星期天，我再给你一本书，"雅各布叔叔说，"也是欧几里得的，叫《欧氏大代数》。它的难度更大，因为代数没有直观的图形，全靠自己的逻辑思维。"

"谢谢叔叔。我将来能当个数学家，真好。"爱因斯坦说。

渐渐地，叔叔的书已经不够爱因斯坦用了，他就到书商里淘书。不论新的、旧的，在他眼里都是好东西。

但是，数学毕竟是一门很严谨而且需要循序渐进的学科，所以尽管他搞来一大堆书，可一时根本不知从哪儿入手。

父亲耐心地对爱因斯坦说："读德国文学，不可能不背诵一些章节，不默写几段课文的。这是很必要的学习方法，叫作练基本功。学数学也是如此。"

父亲给自己在首都柏林的一位老同学写了一封信。这位同学是研究弹道飞行的兵器专家。在信中，父亲专门谈到了爱因斯坦，说他突然狂热地喜欢上了数学，虽然他还是二三年级的学生，水平却可以和六七年级的学生相比了。可是，慕尼黑这方面的书少，也没有名家可以指点，希望能得到老友相助。

几天之后，一个骠骑兵疾速赶来，在院子里跳下马，行了个军礼，恭恭敬敬地奉上一个纸袋，转身跳上马走了。

赫尔曼阁下：

数学是人类的最高智慧，爱因斯坦有着如此喜好，令人钦佩。呈上律布森教科书一套，是数学人进阶的好伴侣。

老同学敬上。

赫尔曼先生读着来信，而纸袋里的那一套书早被爱因斯坦捧到卧室里去了。

律布森教材起点很高，也论述得很系统。开篇就是解析几何，后面是微积分，都是当时最热门的高等数学范畴。

这套书让爱因斯坦如获至宝。

▶ 数学天才初露锋芒

不合群的爱因斯坦对其他科目一点兴趣都没有，却在数学上表现出了令老师嫉妒的天赋。

赫尔曼兄弟的工厂经营得还不错，因此赚了一些钱。爱因斯坦的父亲和母亲一直热心于公益事业，他们每个星期四的下午，都会邀请一些家境贫寒的大学生到家里来吃饭。这是慕尼黑犹太人帮助外国来的穷苦犹太学生的慈善行动，而且已经这样坚持好几年了。

在这些大学生中，有一对来自立陶宛的兄弟，都是医科学院的。哥哥叫麦克斯·塔路米，弟弟叫伯纳特·塔路米，他们两人都长着一头黑发，都有一双深褐色的眼睛。

有一天，他们发现爱因斯坦在背诵微分方程，非常惊讶地说道："这是大学二年级的基础课呀！"

饭后，两兄弟走进爱因斯坦的房间，发现到处堆满了书，而且书的档次不低。两兄弟和这位比他们小 11 岁的少年交谈起来，他们谈得很投机，后来还一起做起了高等数学的题目，从此成了好朋友。

"赫尔曼先生，"有一天，麦克斯对好客的主人说，"爱因斯坦是个天才，他将来一定能做出成绩。"

"现在刚出版了一套书，是贝伦休特主编的《通俗科学大系》。"伯纳特说，"这套书对爱因斯坦来说正合适，不过价格非常昂贵，我们学校图书馆也只买了两套。"

父亲不停地点头微笑，母亲却兴奋地说："要，一定要，看来这孩子是搞科学研究的料！"

父亲想尽办法在汉堡为爱因斯坦订了一套《通俗科学大系》。书是用马车拉回来的——厚厚的羊皮封面，精装本，一共 21 册。

在爱因斯坦生日这一天，父母将这份珍贵的礼物送给了他。

渐渐地，爱因斯坦的数学成绩取得了巨大的进步，他也越来越不喜欢学校里的课程了。因为学校教学的进度太缓慢，很简单的一个定理也要讲上好几节课。数学老师发现爱因斯坦变了：他上课的时候没有了过去那种求知欲旺盛的表现，所以，尽管爱因斯坦的数学成绩永远第一，但老师并不喜欢他。

有一次，这位老师公开对爱因斯坦说："如果你不在我的班上，我会愉快得多。"

爱因斯坦不解地回答："我并没有做什么错事呀！"

老师回答说："对，确实是这样。可你老在后排笑，这就亵渎了教师需要在班级中得到的尊敬感。"

爱因斯坦当然没有任何过错，老师的抱怨也可以理解。爱因斯坦超常的数学能力确实让一个普通的中学教师感受到了无法言说的心理压力。

有一天，数学老师看到爱因斯坦好像心不在焉的样子，就让他上来，在黑板上演算一道要运用圆周率的题目。

爱因斯坦拿起粉笔刷刷刷地写了起来。写完之后，同学们一个个都看得目瞪口呆：这些是什么符号呀？一道小题目，怎么密密麻麻地占了一大块黑板的地方呀！

虽然同学们不明白，可是，数学老师却看明白了。这道题目原本只需要直接运用圆周率就行了，可是，爱因斯坦却把圆周率也作为未知数，竟然用微积分在式子中把它计算了出来！

老师向同学们解释了原因，表扬了爱因斯坦这位天才学生，可是，心里却有些不是滋味。

有一次，数学老师和物理老师谈起了这件事，没想到物理老师的反应更激烈，一口咬定这是学生在向老师挑战。

原来，那次在讲牛顿第一运动定律的时候，爱因斯坦用高等数学在黑板上演算了牛顿第二、第三运动定律的推导。同学们众星捧月般把他围在中间，被晾在一边的物理老师深感自尊心受到了伤害。

和这两位老师不太大度的心理相反，塔尔梅老师虽不久后也不是爱因斯坦数学上的对手了，但他依然热情地为爱因斯坦介绍了当时流行的种种自然科学书籍和康德的哲学著作，特别是布赫纳的《力和物质》，伯恩斯坦的《自然科学通俗读本》，这些都给爱因斯坦留下了极深的印象。

一天，班长通知爱因斯坦，让他到训导主任弗里德曼那里去一趟。

爱因斯坦忐忑不安地走进训导室。弗里德曼主任平和地问他："最近在读些什么书？"

爱因斯坦小心翼翼地回答："《通俗科学大系》天文册。"

弗里德曼主任哈哈大笑起来，然后说道："好书，好书！听说你还常常拉小提琴？"

"有时候也弹弹钢琴。"爱因斯坦心里放松下来。

"你练过帕格尼尼,拉过维奥蒂的《第二十二小提琴协奏曲》吗?"

"还没有,不过已经学完了霍曼,弗里德曼先生。"

"哦,你学微积分,用谁的书?学了多久了?"训导主任继续问。

"律布森的教材,才学了两年。"

"哦,才两年,应该学到无穷级数了吧?"训导主任吹吹胡子说,"你在读天文册,那你能算出宇宙有多少质量吗?你能告诉我,宇宙有多少个星系吗?"

"先生,宇、宇宙是无限的……"爱因斯坦小心地回答,他被吓坏了。

"哦,你原来还是跟在大师们的后面。"训导主任嗓子突然提高了八度说,"爱因斯坦,宇宙是无限的,科学也是无限的,就是人对人的本身,也是充满了许多未知数。你前面的这么多大师,都是从加减乘除一步步学起的。请你记住,学问是无止境的。"

▶ **孤独、窒息的中学生活**

爱因斯坦领到了路易波尔德高级中学的校服。校服完全是陆军深蓝色军官服的仿制,在一戴上就会让人显得很神气的帽子前面,还镶着金属做的 G 字形帽徽,特别引人注目。有的同学当场穿戴起来,整个大礼堂好像变成了军营。

校长很兴奋地对同学们说:"我的士兵们,你们的领章上有你们的学衔:一年级是一道银带,二年级两道,升到五年级就换成一道金带,等你们八年级毕业的时候,全都是四道金带的……"

一些热血沸腾的同学齐声高呼:"将——军——阁——下——"

校长高兴地大喊:"路易波尔德高级中学,万岁!"

爱因斯坦却在狂热的气氛中,提着校服包,一个人默默地离开了。

父亲看到儿子回来,开心地说:"哦,我们的中学生回来了。"

母亲打开包,把衣服抖开来一看说:"上帝啊,穿上它,就会想起可怕的战争。"

"小学是小军营,中学是中军营,大学可就是大军营了!"爱因斯坦嘟哝着,"爸爸,世界上为什么要有军队,为什么要有杀人的枪炮?"

在学校里,有时候宗教的歧视与成见让爱因斯坦觉得还可以忍受,因为这毕竟是他们这个民族一千多年来一直在承受的东西。而令他无法容忍的是这种弥漫在他四周的、无处不在的君权神授、德意志高于一切的专制空气。学校的教育也是为了这个最高目标服务的,要把每一个德国孩子都培养成为这巨大的专制机器服务的士兵。

有一天,爱因斯坦正在学校的操场上玩,忽然从校园外传来了一阵整齐威武的军号声。原来,一支德国皇帝的军队,正列着整齐的方阵通过慕尼黑的街道,去接受检阅。

爱因斯坦看到临街楼房平时总是紧紧关闭着的窗子,这时候都打开了,数不清的人头挤到窗前。人们为街道上通过的军队举起右手,大声地呼喊着:"为了皇帝,为了德意志,前进!"

爱因斯坦被眼前的景象惊呆了。他有生以来第一次领悟到:人可以被训练得像机器一样,简直太可怕了!

19世纪德国骑兵军官

路易波尔德高级中学的教学管理很严格,学生稍有违规行为,就会受到体罚。爱因斯坦很安静,总是默默地坐在教室里。

但是，每次看到同学被拧耳朵、被教鞭抽打，他都会感到窒息。每到这时候，他都会把自己的目光转向挂在墙上的一口古老的钟上，数着秒针运动的圈数，以打发一节节无聊的课。

拉丁文是学校的主课。本来拉丁语的语法就艰涩难懂，偏偏又遇到了一位古板得要命的老师。

这位老师要求学生坐得要像个石礅子，看到每个学生都乖乖地听话，他就会很得意。一得意，他就会拼命地用手指挖鼻孔。这时候，拉丁语课文就被他读得全是鼻音，一点也听不清楚，可是，谁也不敢笑。

有一天，就在拉丁文老师挖着鼻孔读课文的时候，有两个调皮的学生偷偷地从盒子里放出几只蜜蜂。教室里蜜蜂的嗡嗡声和老师的鼻音混合在一起，引得全班同学发起了一阵哄笑。

但是，爱因斯坦没有笑，他觉得没什么可笑的。老师简直被气昏了！一会儿，校监先生闻声赶来了，不分青红皂白，要学生们列队出去接受惩罚。

同学们吓坏了，只有爱因斯坦立正报告说："要惩罚的是蜜蜂，校监先生。不知道它从哪儿来，用它翅膀下发声孔膜的振动，模仿老师挖鼻孔读课文的声音，所以破坏了课堂纪律。"

校监先生瞪大眼睛，看着面前这位不卑不亢的少年。蜜蜂的发声器官，原来是藏在翅膀下面的？真的吗？说实在的，老师在课堂上当着学生的面挖鼻孔，也未免太不雅观了。

校监哼了一声，甩手走出教室，拉丁文老师莫名其妙地跟了出去，一会儿又返回来，指着爱因斯坦气势汹汹地说："你这乌鸦嘴，将来绝对不会有出息的！"

同学们用新奇的目光打量着这个平时不起眼的同学。爱因斯坦感到很惶惑：我不过说了几句实话呀！

从生活到课堂，爱因斯坦感觉到自由的空气是那么的稀缺。他的思维与学校的教育格格不入，注定了他只能孤独地走着自己的路。

名人名言·爱国

1. 苟利国家生死以，岂因祸福避趋之。
   ——〔清〕林则徐
2. 位卑未敢忘忧国。
   ——〔南宋〕陆　游
3. 人生自古谁无死，留取丹心照汗青。
   ——〔南宋〕文天祥
4. 一寸丹心图报国，两行清泪为思亲。
   ——〔明〕于　谦
5. 先天下之忧而忧，后天下之乐而乐。
   ——〔北宋〕范仲淹
6. 天下兴亡，匹夫有责。
   ——顾炎武
7. 国人无爱国心者，其国恒亡。国人无自觉心者，其国亦殆。二者俱无，国必不国。
   ——陈独秀
8. 我们爱我们的民族，这是我们自信心的源泉。
   ——周恩来
9. 锦绣河山收拾好，万民尽作主人翁。
   ——朱　德
10. 我爱我的祖国，爱我的人民，离开了它，离开了他们，我就无法生存，更无法写作。
    ——巴　金

第三章

Einstein

曲折美妙的大学时代

学习知识要善于思考，思考，再思考。

——［美］爱因斯坦

▶ 固执而不守规矩的物理新秀

1896年10月，拿到中学毕业证并过完假期的爱因斯坦出现在了苏黎世瑞士联邦工业大学的校园里，就读于师范系物理学科，这是他喜爱的专业。

此时的爱因斯坦，是个风华正茂、体格强壮的年轻人。理想和憧憬让他站在学校大楼的台阶上，仰着头说："这才是我向往的高等学府啊！"

爱因斯坦办好入学手续，去拜见了尊敬的赫尔泽克校长。他们聊起了物理学科授课的导师。

以韦伯定律闻名于世的韦伯教授，正是数学、物理两大学系的创办人，这位治学严谨的教授门下已经出了不少著名的学者，特别是热导方面的。爱因斯坦早已读过他的不少著作。此外，还有久负盛名的霍夫威克教授、年轻而名扬天下的俄罗斯人明考夫斯基教授……

在课堂上，爱因斯坦好像在浩瀚的海洋中畅游。课后，他就只穿行在物理实验室、餐厅和宿舍三个地方。他最要好的同学马歇尔·格罗斯曼笑他："这样的学习方法最好，三点成一面，稳定结构嘛！"

格罗斯曼慢慢发现，爱因斯坦把主要精力转向了物理学，而且抱着极大的兴趣听韦伯教授的课，而对霍夫威克教授和明考夫斯基教授的课，渐渐松懈下来。他几次提醒说："阿尔伯特，数学，是一切学科的基础！"

"不，马歇尔。"爱因斯坦头也不抬地说，"物理学才是至高无上的，不过请你放心，我不会因此而抛弃数学的。"

一天，格罗斯曼告诉爱因斯坦："下午，明考夫斯基教授有个数理研讨会，有许多专家教授到会。同学们都去参加，你去吗？"

"哦，我还在思考一个热力定律，"爱因斯坦说，"还是请你把研讨会的笔记带给我看吧。"

苏黎世瑞士联邦工业大学

对物理学，爱因斯坦已经把精力用到极限，以至于一些其他的课，不是不去听，就是在课堂上做物理习题。

"哎呀，"格罗斯曼无可奈何地说，"你总有一天，要为此付出代价的，朋友！"

牛顿是爱因斯坦的神圣偶像。在两百多年的科学史里，经典物理学就是以牛顿三大定律为基础的，牛顿法则成了解释一切物理现象的金科玉律。但是，升上大学以后的爱因斯坦，开始对经典物理学产生了怀疑。因此，他和格罗斯曼常常为这个问题争论不休。

"马歇尔，一切物体都是在运动当中的，能量就是通过运动传递的，是吗？"爱因斯坦思考着问。

"当然，牛顿定律早就解答了。"格罗斯曼说。

"可是，当速度达到一定值时，比方说光线，每秒钟速度约为30万千米。"

"那么，"爱因斯坦站起来说，"是什么让光子能达到这个速度的呢？"

"有学者已经有了假说，"格罗斯曼知道不能小看这个朋友，他十分清楚爱因斯坦的超常智商，于是继续说道，"宇宙中还存在不为人类所知的一种物质，它能导致光速。"

"哦，我知道，人们称它以太。"爱因斯坦说，"物体存在有3

种状态，分别是固态、液态和气态，你说以太处于哪一种状态？"

"我怎么会知道？科学家们还没研究出来呢。"

"1887年，美国芝加哥大学麦迪逊博士和莫赖教授那个伟大的光学实验，证明光速是永远不变的。"爱因斯坦接着说，"这就证明了，以太是不存在的，奢谈以太是一种荒谬之论。"

"是的，所以有些学者提出拯救以太的口号。"

"我还想到，如果物质达到一定值的速度时，能否解释光速现象。"

"爱因斯坦，你好像在挑战牛顿，挑战经典物理学。"

"我？不可能吧。不过，科学应该是允许怀疑、欢迎怀疑的。"

这是爱因斯坦与好友的一段看似平常的对话，其实，爱因斯坦此时已经有了朦胧的相对论理念了。在大学里，爱因斯坦的个人兴趣发生了奇怪的转变，从而对物理学产生了狂热的兴趣。

对物理学产生了浓厚兴趣的爱因斯坦每天上课都在想以太。这个以太，来无影，去无踪，怎样才能证明它确实存在呢？以太没有重量，无所不在，渺茫太空就是以太的海洋，地球像一只小船，在以太的海洋里缓缓航行。要是有一个仪器，能测量地球在以太海洋里的航行速度，不就证明了以太的存在吗？他成天泡在物理实验室里，真的设计出了一个测量地球在以太中运行速度的仪器。

爱因斯坦兴奋地把图纸拿给韦伯教授看，他说："韦伯先生……"

韦伯的眉头皱了起来。他一手拿着图纸，一手捻着胡子，心里想："这个爱因斯坦，真是个怪人！人人都叫我教授先生，他偏叫我韦伯先生。瞧他那身衣服，臃肿得像个面粉口袋。你对他说这样，他偏要那样。"

韦伯教授是一位注重实验的物理学家，对于理论物理的新思想，他是不关心的。韦伯的眼睛离开图纸，和爱因斯坦那一片真诚的期待的目光相遇了。爱因斯坦很想听听教授对他这个设计的评价。但是，怕嘲笑的人总觉得别人在嘲笑他。

韦伯教授在爱因斯坦那双又大又亮的眼睛中看到的正是嘲笑。他说："爱因斯坦，你很聪明，可以说聪明绝顶。可惜，你有一个缺点：你不让人教你！"他把图纸还给爱因斯坦，有礼貌地点了一下头，走了。

教授还没有走远，爱因斯坦就哈哈笑了起来。爱因斯坦是有"缺点"：他只会真诚待人，不懂客套。你讲得不对，他就会当场打断你的讲话，不管你是鼎鼎有名的教授，也不管你是如何的难堪，反驳得意时，他甚至还会忍不住笑出声来。

但是，一看到对方的窘相时，他又会戛然而止，露出比对方更窘的抱歉神色。

有一次上实验课，教授照例发给每个学生一张纸条，上面把操作步骤写得一清二楚。爱因斯坦也像往常一样，把纸条捏做一团，放进了裤子的口袋。过了一会儿，这张纸条就进了废纸篓里。原来，他有自己的一套操作步骤。

爱因斯坦正低头看着玻璃管里跳动的火花，头脑却进入了遥远的抽象思维的世界，突然，"轰"的一声，把他震回到了现实世界中来。

爱因斯坦觉得右手火辣辣的，鲜血直往外涌。同学、助教、教授都围了上来。

教授问明情况就愤愤地走了。他向系里报告，坚决要求处分这个胆大包天、完全"不守规矩"的学生。前不久，因为爱因斯坦不去上他的课，他已经要求系里警告过爱因斯坦。

十几天以后，爱因斯坦看到教授迎面走来，想躲已经来不及了。

教授走到爱因斯坦面前，目光很自然地落到他那只包着绷带的右手上，教授叹了口气，心里又同情又遗憾。教授再次叹了口气，说："唉！你为什么非要学物理呢？你为什么不去学医学、法律或语言学呢？"

爱因斯坦并没有意识到教授的话中话，诚实的爱因斯坦老老实实地回答："我热爱物理学，我也自以为具有研究物理学的才能。"

教授迷惑了。一个不守规矩的学生还加上一份固执，他摇了摇头，再次叹了口气，说："唉……算了，听不听由你，我是为你好！"

历史得感谢爱因斯坦的"不守规矩"和固执。假如当初爱因斯坦真听了这位教授先生的"忠告"，物理学真不知要蒙受多大的损失呢！幸好，固执的爱因斯坦是有自信的，他继续走自己的路，继续刻苦攻读物理学大师的著作，没有因为守旧教授们的态度而退缩。

▶ 窘迫的大学生活

有一天，爱因斯坦收到一封来自意大利米兰的家信。他感到很奇怪，信封上是母亲的一手秀丽的斜体字，而过去一向是父亲写的粗大豪放的字迹。

"……孩子，对不起，这可能是我们给你寄出的最后一笔钱了。"母亲写道，"工人已经辞退，机器已经抵债，就是说，我们破产了。这不是我们的错，有成千上万家企业倒闭了，好像整个经济都出了问题。你别为我们担心，没有蹚不过去的河，家业一定会重振的。只是从下个月起，由你在日内瓦的姨夫每月给你寄一百法郎。估计能让你不饿肚子，省着点儿用吧。好好完成你的学业！爱你，孩子！"

爱因斯坦看完信，沉默了好久，一种家庭责任感漫及全身。

爱因斯坦规定自己以后每月存20法郎，因为以后如果有急用，不会有人支援他了。他从学校宿舍搬到了一间廉租房，没有暖气，只有一个小小的窗子。他常常穿着破旧的衣服，一天只吃一片面包，喝一杯牛奶，以更紧迫的心情在课堂和图书馆汲取知识。

幸好爱因斯坦结识了几个家庭比较富裕的同学。菲立迪希·亚德勒是奥地利维也纳的阔少，有着来自艺术之乡的俊朗外表，他是爱因斯坦要好的同学。

另外，他又和格罗斯曼、路易·科尔罗斯、雅科布·埃拉特等人建立了深厚的友谊。他们像爱因斯坦一样都是在1896年进入苏黎世工业大学的。

大学时期的爱因斯坦

格罗斯曼跟自己的父母住在苏黎世湖边的塔尔维尔村，爱因斯坦经常到他家去。埃拉特也住在家里，上课时爱因斯坦通常都是和他坐在一排，他妈妈非常喜欢爱因斯坦。

一天，爱因斯坦得了感冒，他围着一条古怪的围巾来到埃拉特家里。

埃拉特很好奇，便问："爱因斯坦，这条围巾是从哪里弄来的？"

爱因斯坦看了看自己的这条围巾："喔，这是从抽屉柜上取下的一块长条桌布。"

埃拉特听了哈哈大笑起来："桌布？"不过很快，埃拉特就止住了笑声。

"这是我从一位熨衣妇那里租来的，是我房间里的一件装饰品。"爱因斯坦继续说。

发现爱因斯坦经济上出现了困难，这些好朋友都很想资助他，但是他们又不敢表示，因为他们知道爱因斯坦的倔脾气。于是，他们巧立名目搞些聚会，变着法子改善爱因斯坦的生活。

菲立迪希偷偷租了个地方，去找了几个需要家教的学生，让爱因斯坦去替他们补习。爱因斯坦认为现在读书的学生经济上都很困难，所以收费很低。可是他不知道，朋友菲立迪希为此支出的房租，远远超过了他的授课收费。

同时，关心着爱因斯坦的还有一位塞尔维亚姑娘米列娃·玛丽克。

每当教授走进教室，一号座位上多数是一位女同学坐着。每次向老师提问质疑最多的也总是她。这个说话带着塞尔维亚口音的姑娘就是米列娃，她那双蓝色的大眼睛里透出的都是问号，显得格外纯真。

爱因斯坦发现，她提出的许多问题是很有深度、有独到见解的。不知怎么的，爱因斯坦的视线，老是在她那侧面脸部秀丽的曲线上停留。

有一次，米列娃提出一个导出常量的问题，教授让爱因斯坦解答。爱因斯坦在黑板上列出方程式，很快就得出了答案。

教授问米列娃看懂了没有，她站起来说："教授，爱因斯坦同学三分钟里面，提了十五次裤子。"同学们哄堂大笑，也把这一对年轻人笑到了一起。

爱因斯坦和米列娃都是图书馆的常客，他俩总是坐在一起看书。图书馆内严禁喧哗，他们探究问题时，总是写在纸上。两人靠得很近，爱因斯坦闻得到少女青春的气息，觉得这个时候脑子也特别灵敏好使。

他们之间的友谊转成爱情是那么顺理成章，却一点也不浪漫。他们的志趣都在做学问上，他们相约毕业以后自立了就结婚。爱因斯坦和米列娃的爱情就这么定下了。

在这一时期，父亲和雅各布开设在帕维亚的工厂失败了，不得不进行债务清理，家里投入这个企业的资金，大部分都赔光了，雅各布在一家大公司找到了工作。这时，父亲则决定要在米兰独自重新再开设一个工厂。

爱因斯坦为这个新的冒险计划警告了父亲，然而没有用处；他还去探望了一位在德国的叔叔，要求他不要再作经济支援。这位叔叔也没有听从他的劝告。于是，爱因斯坦的家又迁回了米兰，父亲开始了新事业。两年之后，父亲又不得不关了工厂。

从1896年到1900年的整个学生时期，爱因斯坦的家庭始终处于经济拮据的局面。爱因斯坦只得依靠几个舅父，获得每月大概100瑞士法郎的生活费，此中还要每月节约20法郎来交付入瑞士国籍的证件费。

爱因斯坦最重视的事情就是读书。在他租的那间房子里，书桌上、椅子上、床上到处摊满了书，房东太太看了直摇头。

书，书，到处是书！读书，读书，直读到眼睛发花头发昏，直读到肚子叽里咕噜叫，爱因斯坦才会到小巷里的那几家小饭馆、小咖啡馆去胡乱吃些东西。有时候，干脆三顿并作两顿，因为爱因斯坦觉得头脑比肚子更饥饿。

大凡取得伟大成就的科学家，在青年时代，大多在勤奋学习中经历过异常艰苦的生活，爱因斯坦也不例外。

▶ 真挚的同窗之谊

进入大学后，爱因斯坦超凡脱俗的才华，很快就吸引了一批同学成为了他的朋友。

菲立迪希的父亲，是奥地利有名的政治家，或许是由于受到父亲的影响，菲立迪希那双多瑙河一样蓝色的眼睛，更关注政治。

他常常把爱因斯坦拉进关于政治问题的争论中，争论的焦点往往是暴力与和平。

"暴力是卑劣者的通行证，"菲立迪希一开口就是高调子，"为什么要战争呢？应该实施全球国际化，成立国际裁判委员会，对国家之间的冲突进行仲裁，这样不就不会发生战争了吗？"

"那么，凭什么执行裁决？菲立迪希！"爱因斯坦反驳说，"人类都渴望和平，可是看看吧，整个人类史就是一部战争史，你有没有想过这是为什么？"

"执行裁决？可以成立世界性的警署，只让他们拥有武器！同时还要禁止各个国家生产妨碍和平的枪支弹药，这样就有了执行裁决的权威性。"菲立迪希为自己的设想感到得意。

"哦，你反对暴力，拥护和平，可最后的办法还是采用暴力来解决呀。"爱因斯坦说，"尽管我很厌恶战争，可是，如果有人要侵略，人民怎么办？难道束手待毙吗？"

"你错了，爱因斯坦！只有国际裁决，只有人类的良知，只有世界的舆论，只有国际统一的警察，才能制止战争，保卫和平。"

"你更错了！人类需要和平，人类保卫和平，但并不乞求和平。菲立迪希，假如发生战争，你是等待国际裁判呢，还是拿起枪？"

这样的争论往往没有赢家，但是爱因斯坦对和平的理解，已经有了深入的思考和独立的见解。

同时，爱因斯坦跟古斯塔夫·迈耶尔一家也有往来。迈耶尔曾经住在乌尔姆，是他父亲的朋友。

许久之后，在迈耶尔夫妇金婚纪念日那天，爱因斯坦曾写信给他们："早在鹳鸟刚想把我从它无穷无尽的宝库中送出来的那段时间里，在乌尔姆你们就是我双亲敬爱的朋友。当 1895 年秋天，我只身来到苏黎世并考试落榜的时候，是你们给了我衷心的支持。在我上大学的年代里，甚至当我穿着肮脏的鞋子从乌特里堡去拜访你们的时候，你们家好客的大门始终为我敞开着。"

有时候，爱因斯坦会到自己一个远房亲戚阿尔贝特·卡尔科赫那里去。在那儿举办的家庭音乐会上，爱因斯坦总是过得很快活。卡尔的妻子有一副金嗓子，爱因斯坦就用小提琴为她伴奏。

一个名叫"都会"的咖啡馆，是爱因斯坦与格罗斯曼等朋友常去的地方。他们常常会一边喝咖啡，一边交谈，从科学到哲学，从艺术到人生，年轻人所看到的、感兴趣的一切，无所不谈。当然，谈得最多的是物理学。

就在"都会"咖啡馆里，爱因斯坦的意大利同学贝索，一位马赫的信徒，极力推荐爱因斯坦读马赫的著作。

贝索手里拿着马赫的《力学》，激动地说："牛顿在他的《自然哲学的数学原理》中说，时间是绝对的，空间也是绝对的。绝对的意思就是和一切事物都没有关系。既然空间、时间和任何事物都没有关系，你又怎么知道空间和时间存在呢？"

爱因斯坦的意见比贝索更激烈，更彻底，他说："牛顿把这个归结为神的意志。康德把神意视为先验，而空间与时间的概念又是先验的。一旦躲进了先验的神山，我们物理学家就无能为力了。要把绝对空间和绝对时间从先验的神山上拉下来，用我们的经验来检验它们！"

年方20岁的爱因斯坦，握住马赫这把批判的剑，准备向有200多年历史的牛顿力学挑战了。

名人名言·环保

1. 生之有时而用之无度，则物力必屈。
 　　　　　　　　　　　　　　——〔西汉〕贾　谊
2. 山色空蒙淡似烟，参差绿到大江边。
 　　　　　　　　　　　　　　——〔清〕纪晓岚
3. 哀筝一弄湘江曲，声声写尽湘波绿。
 　　　　　　　　　　　　　　——〔宋〕晏几道
4. 绿杨烟外晓寒轻，红杏枝头春意闹。
 　　　　　　　　　　　　　　——〔宋〕宋祁
5. 天不言而四时行，地不语而百物生。
 　　　　　　　　　　　　　　——〔唐〕李白
6. 大海能冲刷掉人类的坏垢。
 　　　　　　　　　　　　——［古希腊］欧里庇得斯
7. 我不是不爱人类，而是更爱大自然。
 　　　　　　　　　　　　　　——［英］拜　伦
8. 一切事物在出造物主之手的时候都是完美的，一切事物到人的手中都变坏了。
 　　　　　　　　　　　　　　——［法］卢　梭
9. 大地……给予所有人的是物质的精华，而最后，它从人们那里得到的回赠却是物质的垃圾。
 　　　　　　　　　　　　　　——［美］惠特曼
10. 毁坏自己土地的国家就是在毁坏着自身。
 　　　　　　　　　　　　　　——［美］罗斯福

第四章

Einstein

初涉职场

在一个崇高的目标支持下，不停地工作，即使慢，也一定会获得成功。

——［美］爱因斯坦

求职受挫

1900年秋，爱因斯坦通过了毕业考试，拿到了大学文凭。虽然分数已经相当不错了，而且还有优秀研究者的名声，但爱因斯坦没有被留在大学里。从此，爱因斯坦开始了漫长的求职道路。

为了寻求一份固定的工作，他不得不考虑加入瑞士国籍，以取得合法身份。最后，1901年2月，他花掉了自己的全部积蓄，回答了有关祖辈们健康和性格的问题，并向当局保证不酗酒之后，才获得了瑞士国籍。

爱因斯坦回到住在意大利的父母家中。半年过去了，工作还是没有着落。在待业的那段时光里，爱因斯坦写了一篇论文《由毛细管现象得出的推论》，寄往莱比锡。

在米兰，爱因斯坦也没有找到合适的工作。爱因斯坦也想到了去意大利碰碰运气，可是，他想到自己对于意大利来说，已经算作外国人了。经过仔细地考虑，他还是返回了苏黎世。

失业的窘境让爱因斯坦十分焦虑，他几乎跌到了人生的谷底。绝望之余，他竟然异想天开，想向德国伟大的化学家奥斯特瓦尔德求助。

因为奥斯特瓦尔德曾经力排众议，在瑞典化学家阿伦利乌斯最困难时给予过巨大的帮助，才使其有了日后的辉煌业绩。奥斯特瓦尔德曾因这件事被誉为"科学伯乐"。

爱因斯坦心里想，也许这位"科学伯乐"能发现我这匹"千里马"哩！于是，在1901年3月19日，他给奥斯特瓦尔德写了一封信。

可以想象，爱因斯坦写出这样的信是出于怎样的无奈，并且生活的挫败也使他改变了那完全不在乎别人怎么想的性格。

但这位"伯乐"却没有给爱因斯坦回信，这让爱因斯坦非常失望，却又有些不甘心。4月3日，爱因斯坦又给奥斯特瓦尔德寄了一张明信片，心想既然对方不回信，再写信去就显得有点死乞白赖，让人瞧不起。于是，他找了个借口，在明信片上说上次写信可能忘了写回信地址，因此这次是特意告诉他地址的。

奥斯特瓦尔德

可是，奥斯特瓦尔德仍然没有回信。恐怕这位奥斯特瓦尔德教授不会想到，9年之后，爱因斯坦将和他一起在日内瓦接受名誉博士学位，而且自己会第一个提议爱因斯坦为诺贝尔奖获奖者。

万般无奈下，爱因斯坦又向荷兰的莱顿大学卡末林·昂内斯教授求助。这次他考虑得更细致，除了寄上论文，还附了一张写好自己地址并贴满往返邮票的明信片。可是，这张往返的明信片也是一去不返。爱因斯坦的心里很不好受。

父亲深深同情爱因斯坦的处境，他明白失望的情绪已经深深地刺伤了儿子的自尊心，再这样下去，也许会彻底毁了他的前程。

虽然他贫病交加，也不熟悉科学界的情形，但出于深沉的父爱，他非常希望自己能够帮儿子一把。于是，他在爱因斯坦给奥斯特瓦尔德发出第二封信后的第十天，也提笔给奥斯特瓦尔德写了一封信：

亲爱的教授：

请原谅我是这样的一个父亲，为了儿子的前途竟冒然给您写信……由于我儿子尊崇您是当代最伟大的科学家，我才敢于请求您读一读我儿子的论文，并请求您写几个字鼓励他一下，以使他恢复对工作及生活的信心。如果您有可能替他谋得一个助教的职位，我将感恩不已。我再次请求您原谅我的冒昧，而且希望您不要让我儿子知道我给您写了信。

赫尔曼·爱因斯坦
××年×月×日

可怜的父亲，伟大的父亲！谁读了这封信能不被父亲对爱因斯坦的深情挚爱所感动呢！但是，不知是奥斯特瓦尔德没收到这封信，还是看了仍然不为所动，爱因斯坦仍然没有收到任何回信，更不用说什么鼓励和帮助了。

终于有一天，爱因斯坦在报纸上看到，一个叫温特图尔的小镇上的一所中学技校正在招聘临时教员。

爱因斯坦赶到了温特图尔小镇，这里离苏黎世不远。这个小镇是穷人区，到处是工厂的大烟囱。技校的校长也不看档案，只说代课期半年，爱因斯坦当即答应了。因为这毕竟是他的第一份工作，他需要靠这份工作养活自己。

爱因斯坦教的是机械制图课。当他走进教室的时候，站起来一屋子的年轻工人，这些人的年纪都比他大。

爱因斯坦还了礼，摊开认真准备的授课笔记，在黑板上写下"第一课"。刹那间，教室里便充满了"沙沙沙"的做笔记声。

面对一双双渴求知识的眼睛，爱因斯坦的眼角湿润了。

没过多长时间，这位小弟弟般的老师，以他的渊博学识获得了学生们的尊重。连他在黑板上书写时老是要提裤子这个习惯动作，也被当成是一种风度。每天，工人们还主动替他准备午餐。

6个月一晃而过，正式老师来了，爱因斯坦要走了，学生们送了一程又一程。

半路上，技校校长骑马追了上来。校长说："我们这里还没有您这么受欢迎的老师，爱因斯坦先生，如果您愿意的话，请拿上这封信，去莱茵河边的夏夫豪森吧，那里有我的亲戚。"

也许是有感于找工作的艰辛，也许是因为莱茵河的对面就是德国，也许是对故国总有一些依恋感，爱因斯坦毫不犹豫地接受了这次推荐，转身去了夏夫豪森。

▶ 伯尔尼专利局

贫困和屈辱，没有使爱因斯坦降低人格。他既没有自怨自艾，也没有向别人乞求怜悯。爱因斯坦把痛苦咽到肚子里，化作微笑和玩笑，去安慰自己的亲朋好友。贫困和屈辱，也没有使爱因斯坦放弃对物理学的热爱，他一次又一次地向对他紧闭大门的科学殿堂发起冲击。

在温特图尔代课的时候，爱因斯坦给文德勒写了一封信，信上说："上午教完五六小时的课之后，我依然神清气爽，下午或是去图书馆更进一步自修，或是在家研究些有趣的问题……我已经放弃去大学工作的野心，因为我认识到，在目前这种环境中，我还可以保存将来在科学上下功夫的精力和意愿。"

在温特图尔，爱因斯坦还写信告诉格罗斯曼，他正致力于气体动力学理论的研究，思考着物质相对于以太的运动。

1901年9月，在夏夫豪森代课的爱因斯坦给人写信说："从1901年9月15日起，我成了夏夫豪森一家私立学校的教师。在这所学校的教学活动的头两个月中，我撰写了一篇以气体动力理论方面为题的博士学位论文。一个月以前，我已经将这篇论文呈交给苏黎世大学了。"但母校依然没有理睬爱因斯坦。

然而，令人高兴的事情还是有的。1900年12月，爱因斯坦完成的第一篇科学论文，是关于分子之间相互作用力的研究，题为《由毛细管现象所得到的推论》，发表在了1901年的莱比锡的《物理学纪事》上。

尽管后来爱因斯坦对这篇论文的评价是"毫无价值"，但在当时，当"阿尔伯特·爱因斯坦"这几个字第一次端端正正地印在权威的物理学杂志上的时候，还是给爱因斯坦带来了许多的温暖与希望。

在挫折的尽头，爱因斯坦看到了一丝光明。一个叫格罗斯曼的朋友，向爱因斯坦投来了希望之光。

1901年4月，格罗斯曼给爱因斯坦寄来了一封带着好消息的信。信中说："瑞士伯尔尼专利局准备设立一个专门审查各种新发明的技术职位，我父亲乐于推荐你就任此职。"

原来，当时的格罗斯曼自己刚当上助教，没有能力替他在大学里谋一席教职。但是，他把爱因斯坦的窘迫处境告诉了父亲。

老格罗斯曼请自己的好朋友，伯尔尼联邦专利局局长哈勒帮忙。哈勒是在开山筑路的年代里苦干出来的工程师，他胸襟开阔，办事果断，说到做到。他一口答应了帮这个忙。

1901年12月11日，报上登出了伯尔尼专利局的"征聘启事"："征聘二级工程师。应征者需受过高等教育，精通机械工程或物理学……"

看到这条消息，爱因斯坦马上赶到伯尔尼专利局，呈上了申请书。他来到局长办公室，面对着坐在办公桌后面的局长那一双锋利的眼睛，他的心在怦怦直跳。

爱因斯坦知道，必须通过这场考核。父母亲希望他生活安定下来；米列娃期待他找到个固定职业；他自己受够了学术界的冷淡，也把专利局的职位看作幸福的所在。

局长叫他坐下，拿出几份专利申请书，要他当场提出意见。爱因斯坦缺少工程知识，不懂技术细节，这一点逃不过局长的眼睛。可是，爱因斯坦对新事物的敏锐反应和判断真伪、对错的能力，也引起了哈勒先生的注意。

局长收起专利申请书，和爱因斯坦谈起了物理学，从牛顿谈到麦克斯韦。哈勒理论修养不高，但是多年的专利局工作，使他获得了一种无与伦比的鉴别优劣的能力。他看出，这个说话温和的年轻人，确实像老格罗斯曼介绍的那样，是有天才的，他决定录用爱因斯坦。

一年之后，爱因斯坦将家搬到了伯尔尼，正式到专利局上班，职位是三级技术审查员，年薪 3500 瑞士法郎。爱因斯坦终于在 23 岁的时候摆脱了可怕的失业阴影，不再为面包而揪心发愁了，未来物理学大师终于迎来了辉煌的起点。

爱因斯坦后来在《自述》中说："明确规定技术专利权的工作对我来说也是一种真正的幸福。它迫使你进行多方面的思考，对物理的思索也有重大的激励作用。总之，对我这样的人，一种实际工作的职业就是一种最大的幸福。因为学院生活会把一个年轻人置于这样一种被动的地位：不得不去写大量的科学论文，结果是趋于浅薄，只有那些具有坚强意志的人才能顶得住。"

而对这位老朋友，爱因斯坦一生都念念不忘他的帮助。他在《自述》中没有忘记这件事："马耳塞罗·格罗斯曼作为我的朋友给我最大的帮助是这样一件事：在我毕业后大约一年时，他通过他的父亲把我介绍给了瑞士专利局局长弗里德里希·哈勒。经过一次详尽的口试之后，哈勒先生把我安置在那儿了。这样，在我的最富于创造性的活动的 1902—1909 年这几年中，我就不用为生活而操心了……我感谢马耳塞罗·格罗斯曼给我找到这么幸运的职位。"

▶ 专利局三级技术员

爱因斯坦每天上午步行到专利局，然后走上四楼，坐在他那间狭长的办公室里，工作 8 个小时。

伯尔尼专利局和所有的官僚机构一样，是个混日子的地方，再有抱负的青年，也会被磨成面团。没有多久，爱因斯坦就摸清了这里的工作程序和方法。

当时，专利局里使用的是一种长腿坐椅，那些审查专利的工程师和专家们养成了一个习惯：把坐椅往后一仰，双腿翘到桌上，悠闲地审查图纸。

爱因斯坦不习惯这样，他宁可紧张、聚精会神地伏案工作。有一天，他从家里带来一把锯子，一声不响地把椅腿锯掉了一截。他又可按自己的习惯，将整个身子都埋在桌子上的图纸中进行研究了。

哈勒先生对爱因斯坦这个三级技术员极为满意。每次巡视部下，总看到他在伏案努力工作，而且他审核专利的质量很高，在专利评价上，还会有指导性的意见。

"好好干，爱因斯坦。"哈勒局长说。

"谢谢，局长先生。"爱因斯坦说，"我会热爱这份工作的。"

每天，这位说话幽默、风趣诙谐的三级专家，都会坐在4楼86号的办公室里，审查一份份专利申请。他必须像局长严格要求的那样，提出一针见血的意见，并且写出精确的鉴定书。

爱因斯坦带着怀疑的眼光审视着这些五花八门的新发明，敏锐的直觉使他以最快的速度从复杂的图纸中抓到本质的东西。他把错误的、荒唐的、异想天开的往边上一推；对有价值和新颖有趣的新发明、新创造，分别写出鉴定书并归档。

这样的工作，爱因斯坦往往用不到半天就能够完成。这时候，剩下的时间里，他就可以拿出小纸片来，做自己的物

在专利局办公桌旁的爱因斯坦

理学研究了。

　　一行行数字、一个个公式，很快就写满了一张，一张张纸片很快就变成了一叠。他眼睛盯在纸上，耳朵听着门外，一有脚步声，就赶紧把纸片放到抽屉里去。因为局长规定，上班时间不准做私事。

　　很快，爱因斯坦就赢得了大家的喜爱。一个同事问他："你觉得怎样才能做一个好公务员？"

　　爱因斯坦微笑着看了这位同事一眼，慢吞吞地说："这有一个公式：$A=X+Y+Z$，在这个公式中，A 是成功，X 是干活，Y 是游戏，Z 是沉默。"

　　有一次，一位喜欢和人吵架的同事在和人吵架后，来找爱因斯坦评理。

　　爱因斯坦听他说话的火药味儿还浓得很，大有一触即发之势，便笑呵呵地拿起心爱的小提琴，说："来，来，我们还是来拉拉韩德尔吧！"

　　这位同事忍不住笑了。因为作为德国古典作曲家的韩德尔的名字，在德语中也有"吵架"的意思。

　　作为岗位补贴，专利局给了爱因斯坦一套不大的公寓。每天工作 8 小时之后，爱因斯坦回到家里，又会继续他那发现自然规律的工作，至于到什么时候结束，那谁也不知道了。

　　上班是有钟点的，下班以后，时钟上的那两根指针，对于爱因斯坦来说，其实已经没有任何作用了。

名人名言·和谐

1. 君子和而不同。

——〔春秋〕孔子

2. 美的真谛应该是和谐。这种和谐体现在人身上,就造就了人的美;表现在物上,就造就了物的美;融汇在环境中,就造就了环境的美。

——冰 心

3. 幸福永远存在于人类不安的追求中,而不存在于和谐与稳定中。

——鲁 迅

4. 各美其美,美人之美,美美与共,天下大同。

——费孝通

5. 亲善产生幸福,文明带来和谐。

——[法]雨 果

6. 友谊是一种和谐的平等。

——[古希腊]毕达哥拉斯

7. 和谐美是美的最高境界。

——[古希腊]赫拉克利特

8. 存在的就是合理的。

——[德]黑格尔

9. 当美的灵魂与美的外表和谐地融为一体,人们就会看到,这是世上最完善的美。

——[古希腊]柏拉图

10. 只有劳动才能使人变得幸福,使他们的心灵变得和谐、心满意足。

——[俄]别林斯基

第五章

Einstein
疯狂的学术研究时代

> 科学研究能破除迷信,因为它鼓励人们根据因果关系来思考和观察事物。
>
> ——[美]爱因斯坦

▶ 超越时代的伟大发现

在伯尔尼的岁月里,爱因斯坦在科学上取得了丰硕的成果,第一批研究结果的问世,就像闪电划破了时代的夜空一般。1905年,对于26岁的爱因斯坦来说,是硕果累累的一年,对物理学史来说,则是革命的一年:相对论诞生了!

在这一年,莱比锡出版的《物理学纪事》杂志上一共发表了爱因斯坦的3篇论文。一篇是讨论布朗运动的,用最有力的证据证明了分子的存在;一篇是发展普朗克的量子论的,提出了光量子假设;第三篇就是《论动体的电动力学》。这是相对论的第一篇论文,它开创了物理学的新纪元。一个科学家热情高涨地对其他科学家们说:"爱因斯坦的相对论与哥白尼的日心说一样,具有划时代的意义!"

一个26岁的青年,在伯尔尼专利局里默默无闻的小职员,利用业余时间进行着科学研究,在物理学的三个未知领域里齐头并进,同时取得了巨大的成果,这在科学史上,的确是一个奇迹。

天才,一个真正的天才!人们也只好这样解释。

可是,爱因斯坦却不这么看。他对为他写传记的作家塞利希说:"我没有什么特别的才能,不过喜欢寻根刨底地追究问题罢了。"

但不管怎么说,爱因斯坦是物理学史上当之无愧的革命者。以爱因斯坦为代表的新一代物理学家,创立了相对论和量子力学。

从时间顺序看,爱因斯坦在1905年的创造性研究中,最早的研究工作是分子物理学。爱因斯坦关于热运动的主要研究内容是用统计方法分析原子、分子运动问题,以及研究运动和热之间的关系问题。在这方面，爱因斯坦的工作超过了奥地利天才物理学家玻尔兹曼和美国科学家吉布斯的研究成果，他在物理学方面的探索深度胜过数学的论证。同时，在玻尔兹曼的思想引导下，他把概率作为热学的数学演算基础。

所有的这些问题，都是爱因斯坦单独研究出来的，以致有人曾经对玻恩说："统计力学的所有具有重要特点的新发现全是爱因斯坦搞出来的。"

这位年轻人之所以会研究分子物理学，主要的目的就是为了借助可靠的结果，为他笃信的原子论的正确性提供论据。

当时，许多人都否定分子和原子的存在。他们发出了自己的疑问："存在原子吗？""存在分子吗？""多大？""什么样子的？"

爱因斯坦相信世界是物质的，他也相信原子和由原子组成的分子是存在的。但是，怎样才能用最有力的证据证明原子和分子的存在呢？

为了解决这个问题，他开始研究分子运动论。原来，早在那些失业的日子里，爱因斯坦就已经开始研究分子运动论了。现在，坐在专利局的办公室里，他要研究的对象是布朗运动。

在《分子热运动论所要求的平静液体中悬浮粒子的运动》一文中，爱因斯坦以统计的方法论证了悬浮粒子的运动速度及其颗粒大小与液体的黏滞系数之间存在着可用实验检验的数量关系。1908年，法国物理学家佩兰通过实验，完全证实了"布朗运动的爱因斯坦定律"。由于这项工作，佩兰荣获了1926年诺贝尔奖金。

爱因斯坦对于热运动的研究，不仅对专业学科十分重要，而且在认识论上还具有重大意义。它说明某些自然科学家否定和怀疑原子论是没有道理的。爱因斯坦对分子观念的证明是令人信服的，以至连马赫和另一位原子论的坚决反对者奥斯特瓦尔德也声称"改信原子学说"了。

爱因斯坦对于布朗运动的理论研究，成功地继承了过去分子物理学的工作，并使它获得了完满的结果。他在光学理论方面的研究工作是同已经取得的发现分不开的。不过，这一研究工作，一开始就具有革命性：它意味着科学发展史上的一次"飞跃"。

1905年，爱因斯坦的第一篇著作《有关光的产生和转化的一个试探性观点》问世了。在以后的几年中，他还发表了几篇有关量子物理学的论文。

在光的新理论中，爱因斯坦以普朗克1900年提出的假设为基础，认为：在热辐射过程中，能量的放出和吸收都是以不连续方式进行的；能量的最小数值叫量子，它的数值取决于基本作用量h——"普朗克常数"，每次放出和吸收的辐射能都是这个数值的整数倍。

爱因斯坦在思想方法上没有任何保守性，他很少顾及权威和因袭的教条，因而进一步发展了普朗克的思想，迈出了勇敢的第一步。他认识到，正确运用普朗克假设之后，光的学说便焕然一新：虽然光是在空间连续传播的一种波动现象，但光仅能集中于特定地点，产生物理作用。因此，光具有不连续的颗粒特性，它可以是一束光量子，即"光子"。

爱因斯坦用下面的比喻解释过光子假说和普朗克理论的相互关系："如果啤酒总是装在可容一品脱的瓶子里出售，由此完全得不出啤酒是由等于一品脱的不可分割的部分所组成的结论。"

爱因斯坦的光量子学说，以最简练的方式阐明了"光电效应"，这种效应的基础是光与电子之间进行能量交换。这样便解释了光束打到金属上时，为什么能把电子从其表面上拉出来。这些电子在脱离金属表面之后的动能，与光源的强度无关，而完全取决于其颜色，在紫外光的情况下，电子的动能最大。十年之后，美国实验物理学家密立根的研究证明：爱因斯坦对于光电效应的解释是正确的。

爱因斯坦关于光的新理论，究竟超过他同时代自然科学家的思想境界有多远，这从1913年柏林第一流的物理学家们的评论中可以一目了然。当爱因斯坦被任命为柏林科学院院士时，他们在赞扬了他在科学上的多方面成就后，要大家特别重视他的光量子假说："他在探索过程中，往往会超出预想目标，比如在光量子假说方面就是这样，因而对他做出评价不会太困难；在精密自然科学中，一次冒险也不做，便不会有真正的创新。"

爱因斯坦关于光的新理论，在哲学上从两个方面说来是重要的：其一，证明了普朗克在热辐问题上发现的量子现象并非是辐射现象所特有，而在一般物理过程中都有表现。这样，由于普朗克的发现而动摇了的旧的形而上学观念，即大自然不做飞跃的观点彻底垮台了。其二，爱因斯坦的研究结果，揭示了光的两重性。原来光既是微粒，又是波动。于是，光的辩证矛盾得以证实。

爱因斯坦的发现使惠更斯和牛顿彼此对立的光学理论统一起来，在更高一级上成为天才的假说。它是自然界中辩证法的光辉范例。后来，爱因斯坦也时常感到遗憾，因为人们都认为他是"相对论之父"。他在"相对论争论"中曾经对荷兰朋友说过："为什么总是在我的相对论上饶费口舌？我还干了其他有用的、或许是更好的事情嘛！"

确实，爱因斯坦如果不是相对论的创始人，他仍然是科学史上最伟大的物理学家之一。他有关热运动、光量子理论和固体比热等问题的研究，对于自然科学的进一步发展有着极其重要的意义。然而，相对论无疑是他最重要的成就。与其他的研究工作相比，相对论对自然科学思想体系产生了更深远的影响，它的作用远远超出了哲学思想的范畴。它引起了一场最激烈的争论，也正是它点燃了爱因斯坦誉满天下的火炬。

爱因斯坦定律的数学公式是举世闻名的：$E = MC^2$ 在今天几乎变成了成语。它表明能量（E）的转换与相应的质量（m）的转换是分不开的；而光速（c）的平方是比例系数，表示质量可以转换为能量。爱因斯坦关于质量和能量等价性的发现，简化了物理守恒定律的内容。长期以来，彼此分立的质量守恒和能量守恒定律，现在可以合并为一条定律：对于一个闭合的物质系统来说，质量和能量的总和在所有的过程中是不变的。

▶ 特立独行的大学讲师

1908年10月之后不久，爱因斯坦的学术生涯就开始了。

每天上午9点，爱因斯坦会准时到达专利局，因为那不得不捱过去的8小时是全家人的经济来源。下班以后，回到家，他还得听妻子愈来愈频繁的絮叨和抱怨，他不是生煤炉，就是带着儿子到阿勒河的河滨散步。

看着静静流去的河水，爱因斯坦浮想联翩，日子单调得已经令他发狂了。虽然，这时候的爱因斯坦已经撞开了物理学新纪元的大门，可是，面对无法改变的现实生活，他还是一筹莫展。

爱因斯坦和妻子米列娃

不过，总的来说，好事也还是有的。

1906年4月1日，爱因斯坦在专利局终于升了一级，成了联邦专利局的二级技术员，工资也涨到了每年的4500法郎。

凭着自己的职业眼光，哈勒局长肯定了爱因斯坦的成绩。他非常欣赏爱因斯坦的能力，在给上司的报告中，极力表扬了爱因斯坦的恪尽职守、成绩优异；而且还告诉上司，爱因斯坦在工作之余坚持学习，已经获得了博士学位。

其实，对于爱因斯坦来说，博士、晋级、工资等除了可以满足养家糊口的需求之外，什么意义都没有；他真正想要的、也确实需要的是一个可以让自己进行全身心研究相对论的研究环境。

当然，认识到爱因斯坦价值的人还是存在的！在物理学领域中，一些读懂了相对论的人，都在探听《物理学纪事》上的爱因斯坦，都想看看他究竟是个什么样的人，住在什么地方。

当打听到爱因斯坦居住在伯尔尼的时候，寻找爱因斯坦的人不自觉地就犯下了一个可以理解的错误，他们认为：爱因斯坦，这位相对论的创立者一定是伯尔尼大学的教授。

当时有个叫劳厄的年轻人，正在做普朗克的助手。刚到柏林大学的时候，普朗克就给他讲了相对论，虽然当时没有听懂，但是，从那时候起，他便知道了相对论的重要意义。

劳厄打定主意，一放假就去伯尔尼大学向"爱因斯坦教授"求教。可是，当他赶到伯尔尼大学的时候，却发现：伯尔尼大学里面根本就没有爱因斯坦教授这个人，倒是在伯尔尼专利局里有一位爱因斯坦公务员。得到这个结果的时候，劳厄愣住了。

劳厄急忙赶到专利局，在走廊里，由于急着走路，一头撞上了一个年轻人。这个年轻人当时正在走廊里来回踱步，他穿着一件格子衬衫，领子半竖半躺着，头发乱得像团草，一撇不加修饰的小黑胡子随意地卧在上唇边。

专利局的走廊上空荡荡的，为了打听爱因斯坦在哪个办公室，劳厄只好拉住了眼前的这位梦游先生。

"请问，爱因斯坦博士在哪个办公室办公？"劳厄问。

梦游人半天才领悟出这句话的含义，他柔和地对劳厄说："对不起，在下正是。"

劳厄听到这个回答，非常惊讶。但他很快就笑了，因为在他心目中，相对论的创立者就应该是这样的人！

几分钟后，两个同龄人在一家小餐馆的桌旁坐了下来，开始了他们的交谈。没想到，这份友谊陪伴了彼此的一生。

劳布到伯尔尼拜会爱因斯坦的场面更有趣。

爱因斯坦正跪在地上生煤炉，一个年轻人敲响了他家的门，这个人就是劳布。

"爱因斯坦先生，我有一个物理问题想向您请教一下。"劳布说。

一听说劳布要向自己请教物理学问题，爱因斯坦便摊开两只乌黑的手，幽默地说："你看，我和人们谈论辐射，可是这个倒霉炉子，就怎么也辐射不出热来。"

伯尔尼对物理学家们产生了吸引力，连普朗克教授也打算到伯尔尼来。1907年7月6日，他给爱因斯坦写了这样的一封信："明年，我可能要到瑞士去度假。虽然还很遥远，可是，一想到能和你会面，心里真是高兴啊！"

这时候，上帝也似乎睁开了眼睛，他不甘心让一个百年难遇的天才一辈子都当一个平凡的公务员。

1907年，苏黎世联邦工业大学的克莱纳教授写信给爱因斯坦，建议他向伯尔尼大学申请"编外讲师"的职位，然后再申请苏黎世联邦工业大学的教授职位。因为按当时的规定，先要当一段时间没有薪水的"编外讲师"，才能被任命为教授。

听到这条好消息，爱因斯坦很开心，因为一旦被聘为教授，就更有利于自己的物理研究了。于是，爱因斯坦在专利局工作的同时，向苏黎世联邦工业大学提出了到大学任教的申请。6月17日，他给伯尔尼州当局寄了一封信，里面还附了他的博士论文、已经发表的17篇论文的副本和所学的全部课程简介。

对于爱因斯坦的申请，苏黎世联邦工业大学给予了高度的重视。在讨论这件事的时候，几位教师发言表示赞同，但是，实验物理学教授却坚决表示反对。

就这样，爱因斯坦的申请被否决了，整个事也就因此耽搁下来。一向豁达的爱因斯坦这次不知道为什么突然就耐不住性子了，在大学吃了闭门羹之后，接着便为中学教师的职务奔波起来。

当时，在瑞士、法国等一些欧洲国家，中学教师的社会地位是比较高的，也被人们称之为"教授"。爱因斯坦大概想以中学为跳板，冲进大学里去。

为了这个目标，爱因斯坦不仅给温德都尔技术学校写了信，而且还给州立苏黎世中学写了一封信。1908年1月，在给格罗斯曼的信中，爱因斯坦说："我可不可以到您那儿去，口头说明我作为教师和公民的值得称赞的人格？或许我不会给人以坏印象吧？在那种情况下吹捧自己的科学论文有意义吗？"可是，这件事情还是不了了之了。

在这一年的2月份，情况终于有了转机。一天，爱因斯坦意外地收到一封信，通知他的申请被伯尔尼大学接受了，并授予他教课的权利。就这样，经过不懈地努力，爱因斯坦终于成了学术界的一员。

当时爱因斯坦还是专利局的职员，这份工作迫使爱因斯坦只能在零星时间里讲课。

1908年夏季学期，每个星期二、六的上午的7点到8点，他给包括贝索在内的三位朋友，讲热运动论。在冬季学期，每个星期三的晚上从6点到7点向四位听者讲课。

当时，爱因斯坦的妹妹玛雅正好来伯尔尼写学位论文，她想看看哥哥是怎样上课的。

一天，她来到了伯尔尼大学，鼓足勇气跑去问看门人："请问，爱因斯坦博士在哪个教室上课？"

看门人把这位衣着整洁的女士上上下下打量了一番，问："您是博士的什么人？"

玛雅回答道："我是他妹妹。"

看门人"哟"了一声，说："原来那个俄国人就是你哥哥呀！他们一共只有五个人，在三楼。"

那位看门人之所以把爱因斯坦叫作俄国人，是因为犹太人一般都比较穷，东方来的犹太人更穷。俄国是最东方了，所以，他看到爱因斯坦永远穿着一套臃肿的、说不清什么颜色的旧格子衣服，就断定他是俄国人。

玛雅很快便走上了三楼，在楼梯的入口处，玛雅便听到了从一间小教室里传来的争吵声。玛雅从门缝向里看去，原来这就是哥哥上课的教室。

　　上课的人数，看门人还说多了，其实只四个人：讲师先生、两个20岁上下的大学生、满脸大胡子的贝索。此时的他们都骑在课桌上，嘴里叼着烟斗、雪茄，比手画脚，你一言我一语，争论得热火朝天。

　　玛雅没有打扰他们，她知道如果哥哥正在讨论什么问题的时候，是不允许被人打搅的。这时候，如果谁来打搅他，必然会遭到一阵严厉的痛骂。

　　不过，这次只是妹妹看到了他的授课情形，没有引起任何的麻烦，如果是这样的授课方式被别人看到，事情就会有点麻烦了。

　　一次，克莱纳教授来到了伯尔尼，他想看看自己推荐的人是怎样上课的。为了给爱因斯坦一个惊喜，他事先没有通知，而是出其不意地出现在教室里。

　　这时候，爱因斯坦正在给学生演算一道题目。他先站在那里，出神地沉默了好久。然后，便拿起黑板擦，擦掉了黑板上的一行公式，又写下一行公式。

　　爱因斯坦对他仅有的几个听众说："中间的几步运算就先不写了。因为这两天我正在想一个有趣的问题，所以把这几步忘了。大家回去可以自己推导一下，结论肯定是不会出错的。"

　　看到这里，克莱纳惊呆了。虽然他早知道爱因斯坦与众不同的个性，但这毕竟与学府风范相差太远了。

　　下课之后，他不得不告诫爱因斯坦："第一，要注意高等学府的礼仪；第二，要注意讲课的条理性和系统性；第三……"

　　爱因斯坦那双棕色的眼睛里却充满了困惑，他似乎有点不理解。

　　克莱纳看看他，然后便摆摆手，说："算了，回家吧！"克莱纳知道，以常规来衡量爱因斯坦是行不通的，因为，天才的个性总是难以理解的。

▶ 享誉学术界

　　一夜之间，世人都知道了爱因斯坦，他成了科学界炙手可热的红人。9月，德国的萨尔斯堡召开了全国自然科学家协会第八十一次大会，邀请世界各地的科学权威参加，爱因斯坦也收到了编号为0001号的邀请书。

　　这是爱因斯坦第一次应邀作学术报告，也是他第一次同物理学界的同行们相会，爱因斯坦知道，大家已经把他列入巨人之列了。

　　荷兰的莱顿大学是众多邀请爱因斯坦讲学的第一所高校。世界各地的报纸都登载了这个消息，在记者们用镁光灯拍摄下来的照片中，贵宾旁边总有一位老者，这就是德高望重的洛伦兹教授。

　　在当访问学者的几天里，爱因斯坦和洛伦兹教授一直都没有分开过，他们没有年龄的隔阂，有的只是对物理学科相同的理念和造诣。

　　"爱因斯坦博士，科学是没有国界的，科学家也是没有国界的。"洛伦兹教授诚恳地说，"如果我们可以合作，成果将是惊人的。希望您能来莱顿大学，我将让学校为您准备好一切。"

　　然而，拮据的生活却让爱因斯坦接受了太太米列娃的建议，去了薪水比较高的位于布拉格的德国学院。在那里，奥匈帝国的德意志民族和捷克民族之间矛盾很大，使布拉格大学分成了德国学院和捷克学院。

　　布拉格的德国学院看到自己请来了科学界的翘楚，非常高兴，可是，爱因斯坦的神色却并不是十分愉悦。

　　爱因斯坦从小就有一个和平的愿望，他很希望世界大同，没有战争和饥饿。可是，在这所大学里，民族矛盾却非常尖锐，这让他感到忧心忡忡。

　　在办理入职手续的时候，爱因斯坦就遇到了这样的问题。一

成长关键词 ⬇ 自律、勤奋、低调

个做登记的官员问他:"教授先生,您信仰什么宗教?"

"我不信宗教。"爱因斯坦回答说。

"不信宗教?"官员将自己的眉头皱起来,"我们尊贵的皇帝陛下规定:任何一位担任公职的人都必须信仰上帝,教授更不能例外。"

爱因斯坦一句话都没说。

看到爱因斯坦默不作声,那个官员问:"您是哪个民族的?"

爱因斯坦回答说:"犹太人。"

官员说:"那么,我填上犹太教。"

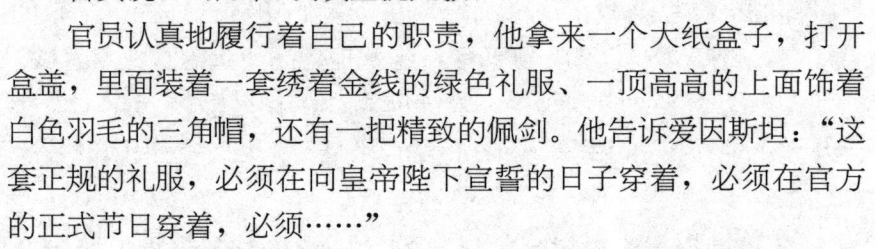

洛伦兹教授

官员认真地履行着自己的职责,他拿来一个大纸盒子,打开盒盖,里面装着一套绣着金线的绿色礼服、一顶高高的上面饰着白色羽毛的三角帽,还有一把精致的佩剑。他告诉爱因斯坦:"这套正规的礼服,必须在向皇帝陛下宣誓的日子穿着,必须在官方的正式节日穿着,必须……"

爱因斯坦咧着嘴笑了,30多年来,他从来都没有在衣服上费过那么多心思。

"您好!爱因斯坦教授。"第一天走进办公室,实验物理学教授就热情地迎上来,与他握手说,"我是安东尼·莱恩伯。"

"您好!安东尼教授,认识您非常高兴。"爱因斯坦回礼说。

安东尼很热情地告诉他:"学校有个不成文的规矩,就是新来的教授必须去所有的教授家里拜访,一共有48位。"

"什么?"爱因斯坦简直不敢相信。

"这是一件好事情,教授。"安东尼递上一份做了记号的城市地图说,"要知道,布拉格是世界上最美丽的城市,特别是春天,去观光吧。"

爱因斯坦最不喜欢这种世俗的客套,可是,既然已经选择了

这一职位，只能客随主便了。第二天，他便拿着这张地图上了街。

爱因斯坦在布拉格老街区散步的时候，能够强烈地感受到周围投来的敌视目光。这里的习俗、服饰以及商店留声机放出的音乐，都说明这里是捷克民族区域。

街头，有一些年轻人正在跳捷克民间舞蹈，可是，那些歌词却是诅咒德意志人的。爱因斯坦深深地叹了一口气，他为深重的民族矛盾感到悲哀。

回到学校之后，爱因斯坦和安东尼谈起了路上的所见所闻。

"爱因斯坦教授，这是历史的遗憾，您得学会忍受。"安东尼教授听了他的感受说，"就是寄信，您也得买德文明信片，从德国人的邮局寄。"

在德国学院，爱因斯坦除了教学之外，还从事着一定的研究工作。所以，在第一次给学生上课的时候，他就说明："我必须把最新的物理学观点告诉你们，如果你们有什么问题，随时来找我，因为你们是下一代的物理学家。"

爱因斯坦的心情并不舒畅。民族之间的矛盾、犹太人压抑的生活环境，都让他感到除科学研究外还存在着另一种人生。

学术界也不是至清至纯的，在教授们之间，也渗透着一种历史遗留下来的冷漠和隔阂。

教梵文的林德尼克老教授是一位人权和平主义者，学识相当广博。爱因斯坦每次和他交谈，都能获得一种启迪。所以，闲暇的时候，爱因斯坦就喜欢到林德尼克教授的家里去。如果心情高兴，他还会为大家拉起小提琴。这也是爱因斯坦最能够抛弃一切烦恼的时候。

1911年10月，爱因斯坦和赫泽那尔教授应世界索尔维科学大会的邀请，代表德国学院出席。

爱因斯坦没有想到，会有这么多世界科学界的巨头汇聚在古老的布鲁塞尔城，不仅有代表德国的热力学权威伦斯特教授和普朗克教授，而且有法国来的数学大师彭卡雷教授和电磁学权威朗吉邦教授，就连英国也派出了剑桥大学的顶尖教授拉泽福，在这里，他还遇到了名闻天下的居里夫人。

尊敬的老朋友洛伦兹教授是索尔维大会的主席。抵达布鲁塞尔的当晚，爱因斯坦就和洛伦兹教授见面了。

"我感到很遗憾，爱因斯坦博士，"洛伦兹教授说，"你终究选择了德国学院。"

"很抱歉，洛伦兹先生。"爱因斯坦不好意思地说，"没去莱顿大学有一个难以启齿的原因，没能免俗，请谅解。"

"我理解，爱因斯坦博士。"洛伦兹教授镜片后那双睿智的眼睛，停留在了爱因斯坦脸上。

"伦斯特教授，请注意爱因斯坦博士的理论。"在爱因斯坦走上讲台的时候，普朗克教授低声对旁边的伦斯特教授说。

事实证明，爱因斯坦在大会上宣读的关于重力论的论文是本届大会上最引起轰动、最具有指导意义的论文。

"……我讲完了，谢谢各位！"当爱因斯坦话音一落，全场响起了雷鸣般的掌声。

"名不虚传，普朗克教授。"伦斯特教授兴奋地说，"爱因斯坦博士将是我们的第一人选。"

"各位学者，我们都听见了，爱因斯坦博士的理论将会解决经典物理学上许多未能解释、未能深入研究的问题。"洛伦兹教授说，"我要特别说明的是，爱因斯坦博士是没有任何指导老师的，他的理论完全是在艰苦自学中探索出来的，这是难能可贵的。我也要顺便说明一个事实，爱因斯坦博士在他任教的联邦工业大学档案中，仅仅是刚聘用的一名副教授。"

听了洛伦兹教授的话，台下一阵喧哗。有交头接耳的，有愤愤不平的，也有趁机力邀爱因斯坦去任教的。

名人名言·奉献

1. 鞠躬尽瘁，死而后已。

    ——〔三国〕诸葛亮

2. 但令身未死，随力报乾坤。

    ——〔南宋〕文天祥

3. 捧着一颗心来，不带半根草去。

    ——陶行知

4. 我好像是一头牛，吃的是草，挤出的是牛奶。

    ——鲁　迅

5. 在人生的路上，将血一滴一滴地滴过去，以饲别人。虽自觉渐渐瘦弱，也以为快活。

    ——鲁　迅

6. 早把生死放在脑后，甘愿以血肉之躯，甘愿以全身骨骼，架设革命事业的高楼。

    ——郭小川

7. 人的生命是有限的，可是，为人民服务是无限的，我要把有限的生命，投入到无限的为人民服务之中去。

    ——雷　锋

8. 我愿意把自己的一切献给党，愿意把自己的青春献给共产主义事业。

    ——张海迪

9. 贝壳虽然死了，却把它的美丽留给了整个世界。

    ——张笑天

10. 光明的中国，让我的生命为你燃烧吧。

    ——钱三强

◁ 第六章 ▷

Einstein

"一战"阴云

> 士兵比任何人都渴望和平，因为正是他们必须忍受和忍耐战争带来的最大伤痛。
>
> ——[美]道格拉斯·麦克阿瑟

▶ 军国主义的迫害

第一次世界大战爆发之后，人类陷入了一场浩劫之中。一支以德国天文学家为主的日食科学考察队，跨过了俄国边境线，被俄罗斯军队当做间谍逮捕，关进了监狱，携带的仪器全部被砸碎了。

爱因斯坦听到这条消息，长叹一声，心事重重，他非常牵挂远在瑞士苏黎世的米列娃和孩子们。虽然瑞士是中立国，但是，战火更如一头疯狂的野兽，肆意侵袭，对任何一个地方都没有放过。现在，连邮政、电信、交通都中断了，家里究竟是怎样的情况呢？

这时候，军火贩子利用战争大发横财，而普通的老百姓只好勒紧裤腰带艰难度日。爱因斯坦不仅看到了难民和饿殍，看到了断肢和鲜血，也看到了另一面的灯红酒绿。爱因斯坦非常忧虑、愤怒，可是连个发泄的地方都没有，他就一头埋进了广义相对论的研究里。

德国多年崇尚武力的恶果终于显现出来了，军事扩张的野心在媒体上堂而皇之地得到宣扬。同时，在德国和欧洲的其他一些国家，一股反犹太人的浊流掀起来了。爱因斯坦忍不住了，他在各种场合都公开宣称："我不是德国人，我是瑞士国民，我更是犹太人！"

这时候，一些正义人士组织了一个反战团体——新祖国同盟，爱因斯坦毫不犹豫地加入了进去。很快，军事政府宣布"新祖国同盟"为非法组织，大批成员被抓、被关、被杀，反战团体被迫转入地下活动。

在军国主义分子的操纵下，德国文化界一些人炮制了一份颠倒黑白的《告文明世界书》，为德国的侵略行径辩护，鼓吹"真正的德国精神""德国利益高于一切"的论调。他们还煽动和威逼利诱德国科学界的一些名人在《告文明世界书》上签名表示支持。

这一天，三辆军用吉普车闯进了皇家科学院，在物理研究所门口停下，一双双带马刺的皮靴踩脏了走廊里的地毯。

爱因斯坦正站在窗口。一群黑衣军人进来，其中一个挂少将军衔的人不客气地拉过所长的办公椅就坐下了，他从副官手中拿过一沓文件，说："爱因斯坦院士，请阅读，请签名。"

爱因斯坦仍旧靠在宽大的窗台前，他不是失礼，而是脑子还沉浸在一大堆验算公式中，没有回过神来。现在，突然面对一屋子的黑衣军人，有一种本能的排斥。

瑞典皇家科学院

将军一努嘴，副官便把文件捧起来，双手呈送到爱因斯坦面前。爱因斯坦眯起眼睛，看到硬皮封面上是几个粗大的字——《告文明世界书》。他冷静地一页页翻过去，到最后的签字页，他匆匆地扫了一眼，非凡的记忆力让他马上数出一共有93个人。

爱因斯坦猛烈地咳嗽起来，其实是一种掩饰。因为他突然感到心疼胸闷，他尊敬的朋友普朗克、伦斯特、伦琴、奥斯特瓦尔德……众多熟悉的名字，赫然在目！

爱因斯坦带着惨淡的笑容，礼貌地合上文件本，交还给副官。

将军说："可以了，院士先生，签字吧！"

爱因斯坦沉默了一会儿，就像平时在课堂上那样，提一提裤子说："阁下，战争发生以后，再来宣扬自己无罪、别人有罪，已经毫无意义了。现在紧迫要做的是，在世界各国的监督下，交战各国立即停止战争，销毁武器，致力于恢复和平的工作。我认为，签这份公开信，一点意义都没有！我不能签。"

黑衣将军听了，毫无表情地站起来，礼节性地向所长先生行了个举手礼，带着随从走了。因为在军机会议上，国防大臣曾经告诫过他："别指望可以威逼爱因斯坦院士！只要他被困在皇家科学院，就会不自觉地为我们军火工业服务。这是陛下的意思。"

爱因斯坦透过玻璃窗，瞪大眼睛看着吉普车相继离去。

战争掠夺了巨大的社会资源，制成了大量的杀人武器，人民大众创造的财富枯竭了。军国主义分子沉浸在侵略的快意之中，而国民的生活贫困不堪，人们在忍饥挨饿中过着日子。

爱因斯坦只能每天到街头的小铺子里买那些劣质的粗制面包充饥，明显营养不良。伊丽莎知道了，就把表哥请到家里就餐。她家毕竟是有钱人家，还能支撑一阵子。爱因斯坦总算缓过劲来。

此时，一个消息传到爱因斯坦的耳朵里：他的老同学、好朋友菲立迪希·亚德勒教授被奥地利政府逮捕，将要判处死刑，可是，亚德勒的一篇反对相对论的文章，又使律师团抓住机会辩护成功，改判为无期徒刑。

原来，亚德勒教授在大战爆发时，凭着一腔热血返回祖国奥地利参加了政治活动。他坚决要求政府在宣战以前征求民意，当提议被否决以后，他竟化装潜入一个聚会，在宴席上刺杀了奥地利首相斯丘尔基伯爵。

亚德勒教授在法庭上慷慨陈词，暗杀首相的理由很简单，因为是他使奥地利人民卷入了战争的苦难中。但是，最后，法庭还是判处他死刑。

在上诉期间，亚德勒教授写了一篇自己早就想写的反对相对论的论文，作为遗嘱。再次开庭时，律师团拿出这篇论文和医院的医学鉴定，以及奥地利顶尖学者们对此论文的评价："爱因斯坦教授创立的相对论，历经十余年，早已为科学界所接受。亚德勒先生此文文理不通，论述无章，思路混乱，完全是一派胡言。"

最后，法庭采信了这个证据，认定亚德勒是在精神不正常、失去行为控制能力的状态下犯了谋杀罪,因此再判时,就让他留下一条活命。

尽管有人说真正的原因是奥皇下达了特赦令,而这都是由于亚德勒的父亲用巨资活动的结果,但是,爱因斯坦却宁愿相信是反对相对论救了亚德勒。

"我的学说竟然能够救亚德勒一命,"爱因斯坦对伊丽莎说,"这是大战以来,唯一一件令人高兴的事情。"

过了没几天,又有一个噩耗传来,他导师级的朋友马赫教授因病去世!

爱因斯坦悲痛地写着悼文,心里忽然生出一种苍凉的紧迫感,人生太短暂了!爱因斯坦认为:"人生的价值,应当看他贡献什么,而不应该看他取得什么。"他必须发奋努力,趁这个时候多设立一些课题,论证出来,留给世人。

▶ 激动人心的伟大验证

在20年代初,爱因斯坦已经享有了任何一位学者都未曾获得过的盛誉。爱因斯坦"瞬间"成为公众偶像的原因有很多,但最直接的原因则是在对日全食的观察中,终于证实了光线在太阳引力场中发生弯曲。

大家心里都明白,有了这个观测的证明,广义相对论的意义与价值就会变得无法估量。爱因斯坦对这一点更清楚,他早就渴望着这一天了。

早在1907年,在伯尔尼专利局当职员的爱因斯坦就发现了等效原理,他认识到这个原理本身意味着光有某种弯曲,但是他认为这个效应太小了,观测不出来。

爱丁顿是英国剑桥大学的天文学教授，又是皇家天文学会的学术秘书。他参加了基督教教友会，就像那些主张"爱自己的敌人"的教友们一样，对于第一次世界大战，他只是摇头。与爱因斯坦一样，他也是一个十足的和平主义信徒。

1916年春天，从中立国荷兰的莱顿大学寄来一份《广义相对论基础》单行本。皇家天文学会的通讯会员德·西特教授，刚从爱因斯坦那里收到这篇论文，就把它寄到了剑桥。

爱丁顿一眼就看出，这篇论文具有划时代的意义。他马上开始研究广义相对论，同时请德·西特写三篇介绍广义相对论的文章，发表在皇家天文学会的会刊上。

这三篇文章，引起了英国科学界的广泛注意。因为这是英国人牛顿发现万有引力定律以来的两个半世纪里，第一次有人向牛顿提出有力的挑战。

爱丁顿决定用日全食观测来验证爱因斯坦的新的引力理论。

1919年5月29日将发生日全食。刚好，金牛座中的毕宿星团在太阳附近，如果天气晴朗，用照相的办法，至少可以照出十三颗很亮的星。这是天赐良机，到时候将给爱因斯坦的广义相对论，也就是向牛顿挑战的新的引力理论，来一个判决。如果星光掠过太阳表面的时候，像爱因斯坦预言的那样拐弯了，这就证明爱因斯坦是正确的，否则……

在爱丁顿的热情倡导下，皇家天文学会开始了日全食观测的准备工作。爱丁顿对广义相对论的热情，对科学的执著，感染了皇家天文官代逊。

1919年3月初春的一天，在格林尼治天文台皇家天文官的官邸，举行了日食观测队出征前的最后一次会议。巨大的书房里，代逊在花地毯上踱来踱去，向两位队长作最后的交代。

爱丁顿在4月23日到达普林西比岛，马上开始了紧张的准备工作。架设望远镜、试拍照片……一切准备就绪，大家急切地等待着那伟大的日子来临。宇宙将在那一天的几分钟里，把自己的

名人传记　　爱因斯坦传

真面目在世人面前显露一下。

5月29日终于来到了。

糟糕！一清早就下起了倾盆大雨。爱丁顿在帐篷里搓着手，焦急地来回踱着。不一会儿，他就跑到帐篷门口，仰望老天爷的苦脸。爱丁顿的脸比老天爷更苦！

日全食

两个助手，掩饰不住内心的得意，在帐篷的一角做鬼脸，打手势，说怪话："活该！这雨下得好，上帝给他的惩罚！谁让他那么起劲，拖着我们大家，跑到这个热带鬼地方来为德国鬼子效劳！"助手的怪话，爱丁顿没有听见。

爱丁顿的脾气有点迂。据说在一次宴席上，有一位客人对他说："教授，听人说世界上只有三个人……不，只有两个半人懂相对论。爱因斯坦当然是一个，教授，你也是一个。"

"嗯，不……"爱丁顿带着沉思的神情摇了摇头。

"教授，不必谦虚，大家都这么说的。"

"不，我是在想，那半个人是谁。"

这样一个爱丁顿，他到这里来，是为了验证叫他心醉的相对论，是为了亲眼目睹伟大的宇宙的真面目，他哪里顾得上去听部下说怪话！

中午，雨总算停了，阴云还是不散，遮住了太阳。一点半钟，天空渐渐转成灰色，月亮来到太阳和地球中间。可是，太阳在哪里呢？太阳依然隐没在云堆里。

爱丁顿有点绝望了：要是这次拍不出星星的照片，两年多的准备工作就会付诸东流，更糟的是，要过好几年才能等到下一次机会。

爱丁顿下达命令："照原定计划拍照，有云也拍！"

天空暗下来，仿佛黄昏突然来临，夜幕即将降落。节拍器打出有节奏的声音，日全食开始了。爱丁顿举起右手，往下一

第六章 "二战"阴云

66　有"世纪伟人"之称的物理学家

挥，轻轻地说："照相开始！"

　　一个助手站在架子上，用一块遮光板控制每次曝光的时间。月亮遮住了太阳，太阳成了一个黑球。它的周围是一个亮圈，亮圈外面喷出了火舌。大地沉浸在一片奇异的朦胧和寂静之中。大家只感到，热带的潮气从地面上蒸腾出来；大家只听到，望远镜底下，换底片暗匣的"咔嚓"声。

　　爱丁顿也顾不得看那奇妙无比的日全食的天空，他只是隐隐地觉得，云彩似乎渐渐散去，黑蓝色的天幕上，有几颗星星露出了珍贵的笑容，节拍器"啪、啪、啪"地响着，报完了那302秒日全食时间。一共拍了16张照片，天空又渐渐恢复了它的光亮。

　　爱丁顿等不及回伦敦，就在普林西比这个小火山岛上工作起来。他每夜冲洗两张照相底片，冲洗出来立刻研究。

　　爱丁顿拿起刚定完影的底片，放在照明灯上细细观察。底片正中是一个白色的球。啊，这是太阳，被月亮挡住了。周围是一个黑圈；啊，这是日冕、日珥。因为是底片，一切都反了个个儿。黑暗的太阳是白色的，明亮的日冕、日珥是黑色的。那一片灰色的背景就是天空。有没有黑点呢？没有。黑点就是星光。可是没有黑点，一个黑点也没有。云！云！罪人是云。哪怕一抹最淡最淡的云，就能把星光挡住。

　　第一夜，第二夜，第三夜……一直找不到黑点，普林西比的这一场努力眼看着要落空了。可是，爱丁顿不是轻易认输的人，他沉住气，照原定计划实施下去。爱丁顿相信：谋事在人，成事在天。自己尽到一切努力，再失败，也没有什么可遗憾的了。

　　到最后两三夜，底片的那层灰色天幕上，似乎出现了一些黑点。可是，非常模糊，若有若无。爱丁顿把这几张有黑点的底片，和格林尼治天文台拍的夜空里的金牛座的照片比较。可是不行！这些星星太模糊，而且离太阳太远，比较不出结果来。

　　最后，终于出现了一张底片，灰色的天幕上，紧挨着太阳，有几个非常清晰的黑点。

爱丁顿拿在手里，禁不住心跳加速起来。牛顿的命运，爱因斯坦的命运，就在这一方底片上了。不，这不是两个人的命运，也不是两种科学理论的命运，而是宇宙！宇宙的命运啊！空间到底是不是弯曲，宇宙到底是不是可能有限，这些至大至圣的问题，答案就在这一方底片上。

爱丁顿把这张底片和从伦敦带来的底片重叠在一起，放在照明灯的乳白色玻璃板上。他把眼睛凑上去。

激动人心的时刻到来了。太阳周围那十几颗星星，都向外偏转了一个角度。星光拐弯了！广义相对论得到了证实。空间是弯曲的！宇宙真可能是有限的呢！

爱丁顿没有发疯，他和副手率领全班人马回到英国。去索布腊尔的远征队早回来了，在他们拍的照片之中，有些也模糊不清，但是有七张，和爱丁顿的那一张是一致的。

爱丁顿经过反复计算、核对，排除一切误差、干扰，最后他完全有把握了：日全食的观测，精确地证实了爱因斯坦的广义相对论。

1919年11月6日下午，皇家学会和皇家天文学会在伦敦举行联席会议，听取两个日食观测队的正式报告。会议厅里济济一堂，英国科学界的泰斗们都在这里了。

皇家学会会长、电子的发现者汤姆逊教授在全场肃穆中起立致词。他的背后挂着一幅巨大的牛顿像。这位巨人曾经连续24年任皇家学会会长，现在他正俯视着自己的后继者。

汤姆逊说："爱因斯坦的相对论是人类思想史上最伟大的成就之一，也许是最伟大的成就……这不是发现一个孤岛，这是发现了科学思想的新大陆。"这次会议太重要了，所以有人说：1919年11月7日，爱因斯坦的传奇故事开始了。

▶ 播种和平的学者

从爱因斯坦的政治信念看，他属于德国资产阶级民主派左翼，坚决反对威廉君主政体。他对德意志军国主义在军事和政治上的崩溃，以及德国共和国诞生感到由衷的高兴。

1918年秋天，德国爆发了士兵起义和工人罢工，前线也开始崩溃。11月9日，德国皇帝威廉二世被迫退位，仓皇出逃。德意志共和国成立了。

11月9日的"革命"，爱因斯坦亲眼见到了。那天，爱因斯坦本来要到柏林大学去讲相对论。他早上出门的时候，看到满街都是罢工的工人和起义的士兵，挤得水泄不通。

大学生们兴高采烈地大声叫喊着："罢课了！革命了！""自由万岁！共和国万岁！"

爱因斯坦从水泄不通的大街折回家之后，就在密密麻麻、满是公式的讲稿下边，写下一行快乐的小字："十一月九日，因革命停课。"爱因斯坦给居住在瑞士的母亲写信说：有史以来，第一次在柏林感到心情舒畅。

德国军事上的失败却创造了政治上的奇迹，爱因斯坦对德意志共和国寄予了无限的希望，四年的血腥残杀终于结束了！

战争的结局是德国投降、赔款割地、丧权辱国。面对这样的结果，许多德国人都垂头丧气，全国上下都萦绕在悲观失望的情绪中，再加上寒冷与饥饿，共和国面临着严重的困难。

这时候，从苏黎世和莱顿都给爱因斯坦发来了热情的邀请，请爱因斯坦离开饱经战争创伤的德国，到中立国瑞士和荷兰

成长关键词：自律、勤奋、低调

去，那里有丰厚的报酬和安乐的生活在等待他。

当年痛恨德国、不愿做头等强国德意志公民的爱因斯坦，这时却眷恋起战败的祖国来了。1919年9月，爱因斯坦给埃伦费斯特写信说："我答应普朗克，决不背弃柏林……我在政治上的希望正在实现……在大家感到屈辱的时刻，离开那些对我有深情厚谊的人们，将使他们加倍的痛苦。"

但是，爱因斯坦过于天真了。他以为有了一个共和国的形式，他所期望的和平、民主、自由和社会主义，就有了切实的保障。不久之后，爱因斯坦再一次陷入到了失望之中。在给埃伦费斯特的信中，他说："异常的平静在这里又恢复了，但仍然存在着十分尖锐的对立。整个城市笼罩着军人的飞扬跋扈和对他们的不满，还有困苦和饥饿。婴儿的死亡率高得惊人。谁也不清楚，我们在政治上的趋向如何。国家已经到了奄奄一息的境地。"

共和国的领袖们不仅向反动派投降，而且和他们同流合污。反动派则得寸进尺。战争结束后只过了一年，第一次世界大战时任德国陆军总司令的兴登堡元帅便宣称：德军之所以吃败仗，是因为"背后中了暗箭"。反动派编造这个神话蒙骗人民群众，把战争失败归罪于所谓的"十一月罪人"的出卖，他们叫嚣要清算"十一月罪人"。

1922年6月，极右翼分子对前总理谢德曼进行了刺杀。几天之后，外交部长腊特瑙在柏林郊区的马路上遇刺殒命。这位才华出众的部长也是犹太人，他是爱因斯坦的好朋友。柏林城里一时谣言四起，说暗杀团黑名单上，下一个就是爱因斯坦。

因为反动派所谓的"十一月罪人"既包括和平主义者，也包括民主主义者和犹太人，而爱因斯坦是身兼三者。看到爱因斯坦的名声越来越大，时常被推上德国和世界的政治舞台，黑帮们对他产生了更加疯狂的仇恨。

在这些事件的影响下，面对魏玛共和国的专制统治和民族主义思潮的泛滥，爱因斯坦反而增加了对社会主义的同情。20年代初以后，他与社会主义者、资产阶级左翼政治家和人文科学家蔡特金、豪夫曼、科尔维茨、摩伊斯、格勒茨、曼西茨维克共同签署了许多有关政治和人道主义的宣言及声明。

1923年，爱因斯坦参加了刚刚成立的"新俄国朋友会"。该组织的宗旨是促进德国和苏联各族人民间的谅解，进而推动两国文化交流的进一步发展。从图片资料可以看到，这位物理学家与苏联政治家、人民委员卢那察尔斯基及苏联学者、矿物学家、地球化学家菲尔斯曼，都参与了该会的活动及促进该会的发展。

早在1921年初的时候，一位身穿皮大衣的客人来找爱因斯坦。他是从遥远的北方来的。是列宁派到柏林的文化使者菲德斯曼教授。

他告诉爱因斯坦："年轻的苏维埃俄国即将出版第一批科学技术书籍，其中就有关于相对论的书。"

爱因斯坦握住菲德斯曼教授的手说："请替我问候列宁！"

爱因斯坦知道，俄国人正在受冻挨饿，他们需要最具体的东西——面包、靴子……可是这些无产者、理想主义的革命家，却对空间时间这类最抽象的问题也感兴趣。他们的心胸多么宽广，眼光多么远大！

爱因斯坦感动地对来访者说道："你们伟大的社会主义政治实践，对全世界有决定性意义。谁都应该帮助你们。"

爱因斯坦一直用行动帮助苏联。当时苏联派到德国来学习的留学生、科学工作者时常受到冷落歧视，但是在爱因斯坦的教室、工作室和家里，却总受到热情的接待。

对于俄国人民，爱因斯坦总是情谊满怀。他在柏林经常与苏联知识分子交往，他们当中有的还是共产党员。此外，他还资助德国共产党建立和领导"妇救会"，声援因政治案件被关押的工人党党员及其家属。后来，共产党员和社会党人也邀请这位进步学者在简称"马校"的马克思主义工人学校作过报告，这表明无产阶级也十分尊敬爱因斯坦。

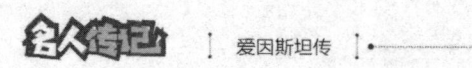

1924年，德国电机工程师奥尔格·阿尔科给爱因斯坦写了一封信。阿尔科当时是一个德苏友好团体"文化技术东方协会"的理事。他代表这个团体写信给爱因斯坦，聘请他为这个团体的理事，并且邀请他一道去苏联访问。

为此，爱因斯坦留下了一份复信："我高兴地向您致以最热烈的问候。很抱歉，我不能接受你们亲切的邀请，同你们一道访问莫斯科。这个时候我不敢中断科学工作，因而我现在不能外出旅行。请允许我趁此机会表示，你们的努力使我很高兴。你们不顾当前的政治斗争，重建横跨国界的广泛文化纽带。我为自己成为你们理事会的一员而感到荣幸，我祝愿你们这个团体取得最大的成功。"

当然，爱因斯坦还不能算作是一个真正的共产主义者，就像他一直对无产阶级专政持保留态度一样。爱因斯坦更热衷的是动员一切知识分子为反对民族沙文主义而斗争，为争取社会公正，实现世界和平而斗争。

1920年，爱因斯坦在一次谈话中说过："我的和平主义是一种本能的感情，它之所以支配着我是因为，杀人是邪恶的。我的态度不是从某种思辨理论出发的，而是基于对任何一种形式的残暴与仇恨的最深切的反感。我能给这种反应以合理的解释，但这似乎是一种事后的推断而已。"

1922年，爱因斯坦接受国际联盟秘书长的邀请，答应参加国际联盟内的一个"国际知识分子合作委员会"。他也弄不大清这个委员会到底要干些什么事，不过听说是为了和平事业进行国际合作，委员名单上又有洛伦兹、居里夫人这些崇高人物的名字，就欣然应允了。

在知识分子合作委员会中，爱因斯坦接触到各种政治倾向，它们促使他从纯直觉的敌视一切残暴的和平主义转变到为反对战争而斗争的明确立场。

1923年1月，法国政府拒绝服从关于德国战争赔款支付问题的仲裁，并且出兵占领德国的鲁尔区。1923年3月22日，当爱因斯坦结束了对亚洲和西班牙的访问以后不久，就发表了一个退出"国际知识分子合作委员会"的措辞强硬的声明。

国际联盟在鲁尔区被侵占时所采取的态度，使爱因斯坦产生了痛心的印象。他看出：本能的和平主义不能对抗战争势力。在寄给一个和平主义杂志的信中，他说得更明确了："我作出这一决定是因为，国际联盟的活动使我确信，统治集团所干的任何一种勾当，不管它多么残暴，国际联盟都未能抵制。我脱离国际联盟是因为，它在自己的活动中不仅不实现一个国际组织的思想，而且实际上践踏这一思想。"

本能的和平主义已经不能满足爱因斯坦了。他在国际联盟的活动中，不仅寻找善良的愿望，而且寻找对威胁和平的行动进行反抗的力量。可是爱因斯坦在国际联盟中既没找到善良的愿望，也没有找到反抗力量。

单纯的否定立场并不能使爱因斯坦满意。此外，他的许多志同道合者，特别是居里夫人，一再对爱因斯坦做工作，让他相信，在国际联盟范围内可以促进学者们的国际合作，而这种合作可以使所有的人摆脱民族主义。

爱因斯坦对科学的力量充满信心，他说：

"自然科学的代表人物，由于他们的理论的普适性和有组织的国际联系的必要性，倾向于接受和平主义的国际的思维……科学传统作为文化教育的力量应当在理性面前展示日益广阔的视野，并由于其普适性能对人们起到强有力的作用，使他们抛弃疯狂的民族主义。"

名人名言·合作

1. 以众人之力起事者，无不成也。

   ——〔春秋〕管　仲

2. 须知豪杰同心处，力断坚金不用疑。

   ——〔元末明初〕施耐庵

3. 明堂所赖者唯一柱，然众材附之乃立；大勋所任者唯一人，然群谋济之乃成。

   ——〔战国〕韩　非

4. 虽有尧之智而无众人之助，大功不立。

   ——巴　金

5. 每个人应该遵守生之法则，把个人的命运联系在民族的命运上，将个人的生存放在群体的生存里。

   ——鲁　迅

6. 合作失败的人，常拆伙，因为彼此责难。合作成功的人，也常拆伙，因为各自居功。直到拆伙之后，发现势单力薄，再回头合作，那关系才变得比较稳固。

   ——刘　墉

7. 一滴水只有放进大海里才永远不会干涸，一个人只有当他把自己和集体事业融合在一起的时候才能最有力量。

   ——雷　锋

8. 一朵鲜花打扮不出美丽的春天，一个人先进总是单枪匹马，众人先进才能移山填海。

   ——雷　锋

第七章

Einstein

高尚的情操

> 不管时代的潮流和社会的风尚怎样，人总可以凭着自己高贵的品质，超脱时代和社会，走自己正确的道路。
>
> ——［美］爱因斯坦

爱因斯坦在中国

1920年春天，曾任中国教育总长的北京大学校长蔡元培访问欧洲时，到柏林爱因斯坦的家里进行拜访，并诚恳地邀请他到中国访问和讲学。

爱因斯坦热情地接待了这位来自遥远的文明古国的使者，他答复说："很抱歉，因为事务繁忙，我不能长时间离开柏林，因此暂时还不能到中国去。"

谈话以后，他热情地把蔡元培送出门外。

蔡元培是中国著名的民主革命家、教育家、科学家，曾留学法国，攻读哲学、心理学等。他早期发起组织了秘密的革命组织光复会，积极参加了辛亥革命、反对袁世凯的二次革命和北伐战争，后来又为抗日救亡事业奔忙。他一生提倡教育，主张"兼容并包"。在他的主持下，北京大学涌现出了李大钊、陈独秀、鲁迅等一大批进步教授。

蔡元培内心对爱因斯坦怀有极大的尊敬，回国以后，他向爱因斯坦再次发出了邀请。

其实，爱因斯坦到过上海两次，不过，总共停留了不足3天时间，但敏锐的他却看出当时中国社会的黑暗。

他在旅行日记中记录下了欧洲侵略者在中国土地上的行为，也表达了他对中国人民的同情："在外表上，中国人受人注意的是他们的勤劳，是他们对生活方式和儿童福利的要求低微。他们比印度人更乐观，也更天真。但他们大多数是负担沉重的，男男女女为每日五分钱的工资天天敲石子。他们似乎鲁钝得不理解他们命运的可怕……劳动者，在呻吟着，并且是顽强的民族……这是地球上最贫困的民族，他们被残酷地虐待着，他们所受的待遇比牛马还不如。"（摘自《爱因斯坦传》作者 A·赖塞 1930 年）

1922 年，爱因斯坦乘坐轮船依次访问了中国和日本。中国悠久的历史文化，在这位引领了一个世纪科学潮流的大科学家心里留下了深刻的印象。

北京大学校长蔡元培

也正是在这个时期，中国也开始有了介绍爱因斯坦相对论的一些文章。1922 年第一期《少年中国》出版了，编号为第三卷第七期，这是中国的第一本相对论专号，刊登了相对论的介绍，还有几篇体会，算是最早把相对论介绍到中国的文字。

此后，《东方杂志》《解放与改造》等期刊分别出版了相对论专号。1922 年春天，北京大学理学院院长、物理学教授夏元瑮再次发出邀请，请爱因斯坦到北京大学讲学。

夏元瑮教授曾留学柏林，是普朗克教授的学生，他一直尊敬爱因斯坦，早在 1921 年就翻译了爱因斯坦关于相对论的著作，并于 1922 年在上海出版，这是中国第一部相对论的译本。

1922 年 12 月 31 日，从日本归来，爱因斯坦再次来到上海。中国人民热情地欢迎爱因斯坦的到来。上海的《民国日报》刊登了大幅广告："爱因斯坦博士是近代科学界的大革命家。他的功绩不在哥白尼、牛顿之下。"《申报》发了专讯。《时事新报》《新闻报》作了连续报道。

这之后，爱因斯坦一直没有能如愿访问中国，但是，他一直是中国人民真诚的朋友。

成长关键词 ➡ 自律、勤奋、低调

▶ 伟大的发现源自生活

爱因斯坦获得诺贝尔奖以后，丝毫也没有放松对科学的探索，他把很大精力转向统一场论的研究。爱因斯坦满头白发，白胡子很长，但仍旧坐在书桌前做着研究。

当时，物理学中主要的力包括引力和电磁力。我们最常见到的重力，就是地球的引力。水从高山上流下，转动了水轮机的叶片，这是地球的引力在做功。起重机把沉重的货物吊到高空，这是机械克服地球引力在做功。人上山的时候气喘吁吁，下山的时候步履轻快，这都和地球引力有关。地球、火星、土星、木星等八大行星以那样高的速度围着太阳转动，而没有自由地飞往宇宙深处，彗星拖着长长的尾巴飞向太阳，这都是太阳的引力在做功。地球的海洋上汹涌起伏的潮汐，和月球对地球的引力有关。

至于电磁力，我们每个人都非常熟悉，谁没有见过阴雨天气和雷霆闪电呢？谁家没有电灯呢？广播、电视、录音机都和电磁力有关。说得更广泛一些，铁蒙上一层红锈，铜则生成一层绿锈，木柴和煤炭着火熊熊燃烧，水又可以分解成氢和氧……这一切，都是和电磁力分不开的。

引力形成了引力场，电磁力形成了电磁场，这两种场有没有内在的联系？它们同存在于自然界内，它们是不是统一的呢？比起相对论，这个题目太艰难了，许多物理学家望而生畏，远远地停住了脚步。爱因斯坦决心为解决这个难题而努力。

爱因斯坦最终未能完成关于统一场的理论，实现他的理想，并不是因为他的智慧和能力不够，而是由于时代的限制。

天才走在时代的最前面，他往往是孤独的，有时候他甚至不得不把时代远远地抛在后面。1948年他尖锐地指出："暂时的成功为大多数人带来的是使他们更加信服的力量，而不是在原理上的思索。"在谈到牛顿的旧引力理论时，他指出："在它的不完备性暴露之前，它在两个多世纪的时间里一直是成功的。"

有一次喝茶的时候，爱因斯坦用小勺搅了搅杯里的茶水，水慢慢旋转起来，茶叶随着旋转的水团团转。转着转着，许多茶叶慢慢地聚拢在一起，沉在水杯的中心，慢腾腾地旋转着。

谁喝茶的时候没有见过这个现象？可是，谁又认真地思索过这个现象呢？

爱尔莎看见爱因斯坦专注地望着杯子，忘记了喝茶，他的思想飞得很远很远，整个人都像沉入了遥远的梦境。

爱尔莎向客人轻轻一笑，示意大家放低声音，不要扰乱爱因斯坦的思考。

突然，爱因斯坦抬起头来，顽皮地看着桌旁的客人、妻子、女儿，他挑战似地问道："你们谁来解释，为什么茶叶都跑到杯子的中央？为什么水面上只浮着很少的一两片茶叶？"

大家面面相觑，谁也答不上来。

女儿说："还是您说吧。"

爱因斯坦沉思着说："你们看，是不是这样，那些沉底的茶叶落到了杯子的底下，当我开始搅拌的时候，由于离心作用，它们逐渐聚集到中间。但是，我搅拌而产生的漩涡转动并不均匀，由于摩擦力的作用，杯子边缘产生阻碍作用，在杯子的中间转动得比较慢一些，在杯子底也转得比较慢。少数茶叶就被带到杯子表面的中央，直到水的转动稳定下来为止。"

人们长长地舒了一口气，"真是一目了然，可是，我们就没有想到。"

爱因斯坦继续说："河流转弯的地方也是这样，你们看河岸不断受到侵蚀，河流越来越蜿蜒曲折，其形成的原因和杯子里的水很类似。"

与居里夫人的友谊

在法国进行了讲演的爱因斯坦，受到了群众热烈的欢迎，也受到了居里夫人亲切的接待。

接待了两位使命来访的教授后，爱因斯坦意外地接到居里夫人的邀请，请他带上家人，一起去著名的安卡丁努山谷旅行。

不施粉黛，终年穿一身黑裙子的居里夫人，带着两个女儿。从来不修边幅、不结领带、习惯光脚套皮鞋的爱因斯坦，带着爱德华。

这两位旷世奇才，在安卡丁努山谷相遇了。居里夫人是当时世界上少数几个听得懂相对论的人之一。在三个孩子玩得兴高采烈的时候，两位科学巨人的谈话，还是离不开科学研究。

遇到知己，爱因斯坦把柏林方面邀请的事情和自己的想法全都告诉了居里夫人。

"爱因斯坦先生，我不反对您的主意。但是，"居里夫人说，"德国的局势总让人担忧，几年来军事扩张的意图，让周边国家感到不安，您要注意自己的安全。"

"是的，夫人。"爱因斯坦回答道，"我对德国没有好感的原因也在这儿。不过如果发生了战争，我这个厌恶枪炮的人，一定是反战人士，哪怕失去性命！"

"如果真有那么一天，我们就一起声讨战争贩子吧。"居里夫人认真地说，"何必非要牺牲？您可以来波兰，可以到英联邦，甚至去美利坚。"

居里夫人

"谢谢，夫人！"

居里夫人把一个年轻的姑娘带到爱因斯坦面前，介绍说："这是一个开始学习物理学的姑娘，伊琳·居里。"

爱因斯坦眯着眼睛看着这位个子高挑的姑娘，说："开始学习物理，好啊，好啊，如果我没有记错，在第一次世界大战以前，我曾经揪过你的耳朵。"

伊琳·居里羞涩地笑了："没有的事，博士。"

"是的，有过一次。"居里夫人作证道，"如果不好好学习物理，那还要揪耳朵。"

在居里夫人的严格要求和亲自教导下，伊琳·居里继承了母亲的事业，成为了一位杰出的物理学家，13年以后，她和她的丈夫约里奥——也是居里夫人的学生一起发现了放射性元素，不久，获得了诺贝尔奖，成为无愧于居里家族的新一代。

爱因斯坦参加了国际联盟的知识界合作委员会，他热情地邀请居里夫人一起参加，共同为世界和平而奔走，满心希望国际联盟能接受第一次世界大战的教训，制止新的扩军备战，给世界带来和平。但他很快就失望了。他发表声明，认为"国际联盟既不具备为达到它的目的所必需的力量，也不具备为达到这个目的所必需的诚挚的愿望，作为一个虔诚的和平主义者，我觉得不得不同国联断绝一切联系。我请求你们把我的名字从委员会成员的名单中画掉。"

对爱因斯坦的决定，居里夫人深表惋惜，来信希望他重新考虑。爱因斯坦非常尊重她的意见，反复考虑以后，重新参加了有关活动。他给居里夫人写了一封亲切的回信："要是我不把您当作一个可以闹别扭的姐妹，一个在灵魂深处对这种感情总是有所理解、而且使我始终感到特别亲近的姐妹，我是不敢以这种态度向您发牢骚的。"

两年以后，在风光旖旎的日内瓦湖边，爱因斯坦没有心思欣赏湖光山色。他和居里夫人参加了一整天会议，出来稍作休息。

夜幕已经悄悄降临，路灯像一串串珍珠闪烁着，湖面上映出灯火和街道的倒影，许许多多光的斑点在湖面上跳跃着、荡漾着。

爱因斯坦和居里夫人一起坐在湖边的长椅上，他们不约而同地注视着水面上反射的灯光。

爱因斯坦若有所思地问："为什么反射在水面的光在这一点断开，而不在其他点呢？"

居里夫人思索着，她说："那是因为……"

他们轻声交谈着，用哪几个公式去解释、去说明，而哪一个概念，显然还不够完整严密，应该怎么分析，才能把这个物理现象表述清楚。这就是两位科学巨人纯洁而深厚的友情。

由于长期接触放射性的物质，致力于使放射性给人类造福，居里夫人得了严重的白血病。1934年7月，居里夫人去世了。爱因斯坦深为悲痛，他在悼念这位伟大的女性的时候，饱含深情地说：

"我幸运地同居里夫人有20年崇高而真挚的友谊。我对她的人格的伟大越来越感到钦佩。她的坚强，她的意志的纯洁，她的律己之严，她的客观，她的公正不阿的判断——所有这一切都难得地集中在一个人身上。她在任何时候都意识到自己是社会的公仆，她的极端的谦虚，永远不给自满留下任何余地。由于社会的严酷和不平等，她的心情总是抑郁的，这就使得她具有那样严肃的外貌，很容易使那些不接近她的人发生误解——这是一种无法用任何艺术气质来解说的少见的严肃性。一旦她认识到某一条道路是正确的，她就毫不妥协地并且极端顽强地坚持走下去。"

在讲话的最后，爱因斯坦满怀着希望说："居里夫人的品德力量和热忱，哪怕只有一小部分存在于欧洲的知识分子中间，欧洲就会面临一个比较光明的未来。"

名人名言·节俭

1. 历览前贤国与家，成由勤俭破由奢。
   ——〔唐〕李商隐

2. 俭节则昌，淫佚则亡。
   ——〔春秋战国〕墨　子

3. 侈而惰者贫，而力而俭者富。
   ——〔战国〕韩非子

4. 俭，德之共也；侈，恶之大也。
   ——〔春秋末期〕左丘明

5. 由俭入奢易，由奢入俭难。
   ——〔北宋〕司马光

6. 衣不求华，食不厌蔬。
   ——〔北宋〕王安石

7. 以耕读为本，以勤俭为德。
   ——〔元末明初〕施耐庵

8. 忧劳可以兴国，逸豫可以亡身。
   ——〔北宋〕欧阳修

9. 不贪为宝。
   ——〔春秋末期〕左丘明

10. 侈则多欲。君子多欲则贪慕富贵，枉道速祸；小人多欲则多求妄用，败家丧身。
    ——〔北宋〕司马光

第八章

Einstein

纳粹迫害

> 一个人所能做的就是做出好榜样，要有勇气在风言风语的社会中坚定地高举伦理的信念。
>
> ——［美］爱因斯坦

▶ 差点成为暗杀目标

20世纪20年代和30年代的德国，一直处在动荡之中。德国工人阶级和共产党的力量还不够强大，也不够成熟。软弱的小资产阶级摇摇摆摆，拿不出任何治国的良策。各种各样的政党，形形色色的政治派别此起彼伏，对第一次世界大战失败的复仇情绪，再加上种族优越的观念相当深入人心。特别是经济混乱、失业、涨价困扰着人们的时候，德国向何处去，成了一个尖锐的大问题。

一股暗流在德国激荡，它起初还很小，追随者很少，但是随着时间的推移，它成了一支谁也不能轻视的力量。希特勒的国家社会主义党，简称纳粹，成了德国人议论的中心。希特勒的追随者穿着褐色制服，举着大旗，在大街上示威游行、讲演、集会，出版书籍、报纸、杂志，提出了许许多多蛊惑人心的口号。他们把经济混乱的一切罪责推到犹太人头上，鼓吹德意志民族高于一切，宣称要建立让德国所有工人、农民、工厂主和商人永远幸福、文明和富裕的千年王国。

"国家社会主义"的纲领使许多青年人如痴如狂，希特勒成了他们狂热崇拜的偶像。爱因斯坦极其担心地关注着局势的发展。起初，死心塌地追随希特勒的人还不是那么多，很多人对未来还寄予期望。

希特勒在德国越来越猖狂，继《我的奋斗》以后，他又写了一本《民族振兴之道》的小册子，公然提出要"用刀剑的力量创造民族振兴的前提"，要为德意志寻求新的"生存空间"。

被法西斯精神和种族主义毒害的人，在国内开始了疯狂的反对民主和科学的活动，同时，他们像失去理智一样反对犹太人。

街道上，纳粹党徒列着队伍行进，高唱着："醒来吧，日耳曼，让犹太人去见上帝！犹太人的血必须从马刀下喷出。"

刚正不阿的爱因斯坦，成为他们狂吠的重要目标。早在20世纪20年代就领头攻击过爱因斯坦的物理学家勒纳德，这一次又是急先锋。他鼓吹希特勒是"有头脑的哲学家"，表示将无条件地拥护他的元首希特勒。

在一篇文章中，他放肆地攻击爱因斯坦："爱因斯坦及其种种理论和由陈词滥调与任意拼凑炮制出来的数学废话，是犹太人集团对自然界研究的危险影响的一个最重要的例子。现在，他的理论被彻底粉碎了！"他一遍一遍讲演，宣称已经粉碎了相对论，但是却拿不出任何证据。

爱因斯坦成了纳粹党暗杀黑名单上的第一人。街道的墙上贴满了通缉令，上面写着："凡缴来爱因斯坦首级者，给予奖金1000镑。"很多人在一旁围观。

家里，爱因斯坦摸着自己的脖子，苦笑道："我还不知道我的脑袋这么值钱呢。"爱因斯坦的夫人担忧地说："你怎么一点也感觉不到自己的危险？"

纳粹党徒横冲直撞，砸烂犹太人的店铺，污辱犹太人，宣传什么"共产主义威胁""犹太人的阴谋"，空气越来越紧张。

普朗克教授对这一切看得不那么严重，他不赞成胡来，但是，他觉得这些感情的冲动和无秩序的混乱很快就会过去。爱因斯坦比普朗克想得更深远，他看出，一场可怕的瘟疫已经在德国泛滥，他已经不能在德国继续自己的工作。

在幽静的哈维尔湖边，他们盖成了一所小房子，只有一层。房前房后，是不大的一片花园。既不讲究，也不豪华，但这已经花光了爱因斯坦所有的积蓄。不管怎么说，他们总算有了一个自己的温暖的小家了。

爱因斯坦50岁的生日快到了。成筐成筐的电报、精美的礼物，从世界各地涌来。

爱因斯坦告诉爱尔莎："为了躲开麻烦，避免热闹，我要到乡下去，去一个谁也不知道的地方。"他一再嘱咐，他要在那儿继续自己的研究工作，不希望任何人打扰，因此这个地点对谁也不要讲。

爱尔莎同意了他的要求。

来祝贺的人们一个个被女主人客气地挡了驾，但是邮寄的礼物还是源源不断。爱尔莎一件件拆开，自言自语道："我一定要告诉爱因斯坦，告诉他都收到了什么。"

生日到了，早晨，家里的电话响了。

爱尔莎拿起听筒，欣喜地听出来正是爱因斯坦的声音。

他告诉妻子："我有一件重要的事情，在我给我的助手的计算当中有一个错误，昨天晚上我一直在想。现在我请你马上去一趟，告诉他立刻改正过来。"

爱因斯坦和爱尔莎的合影

爱尔莎打断他："可是，我要告诉你，爱因斯坦……"

"请你马上去。"

"你知道今天是什么日子吗？"

"咳，什么日子？对生日何必这么小题大做？你不要忘记我告诉你的事情。你现在拿笔记下来，是在第几页第几段里……"

爱尔莎只好抓起了笔。

下午，爱尔莎办完爱因斯坦的事情，她实在忍不住了，拿了几样她认为最有价值的礼物，悄悄地来到爱因斯坦"隐居"的乡村。

爱因斯坦正在埋头工作，看见爱尔莎来，大吃一惊。

爱尔莎看见爱因斯坦，同样大吃一惊："天呀，今天是什么日子？你怎么穿这么一件最旧的衣服！"

"这件衣服很好呀！你看，完全能穿。"

爱尔莎拍了一下手说："你究竟是怎么找到它的？真奇怪。为了不让你再穿它，我把它藏在最隐蔽的地方了。"

爱因斯坦得意地笑了："嗯，我知道你所有那些最隐蔽的地方。"

爱尔莎说："要是人家看见了会怎么说？博士、教授，就穿这么一件衣服？"

爱因斯坦不以为然地说："人们看的是我，又不是看我的衣服。这有什么！"

后来，由于接到美国的邀请，爱因斯坦要去讲学，他和妻子收拾好行装，走到房子外面。

爱因斯坦回头望着这所房子，刚盖好几年，周围是浓密的绿荫，不远处是蔚蓝的湖水，在这儿，他度过了虽然不长但却难忘的岁月。

爱尔莎看见他望着房子出神，不解地问："你在看什么？"

"爱尔莎，你也看看这所房子吧，我们在这儿只住了几个夏天。走之前，你再看看它吧。"

"为什么？"爱尔莎不明白。

"也许，"爱因斯坦很轻很轻地说，"也许，你再也看不见它了。"

爱尔莎笑起来，她根本没有想那么多，她也不知道局势会变得那么严重，她说："不会的，爱因斯坦，我怎么能那么快就死去呢？"她想到另一个方面了。

爱因斯坦心情沉重，什么也没有说。一个朋友秘密转告他，一位身居高位的官员告诫，让他赶快离开德国，在这里他的生活再也不是安全的了。

他想起家里的女仆含着泪的诉说，这个女仆在他家多年，彼此相处一向很和睦亲切，而她在街上买东西的时候，面包师竟然对她说:"你怎么能住在一个犹太人家里,住在那个令人厌恶的家伙家里。"

他想起朋友一再劝告,法西斯分子要像当年杀害拉特瑙一样杀害他,让他继续留在德国,实际上就是对他的谋杀。而暗杀他的计划已经制订。

▶ 决心为和平而战斗

爱因斯坦是一位正直的科学家和思想家。他关心政治,关心人类命运。面对现实,在每一个重大社会政治问题上他都敢于表明自己的政治观点。

爱因斯坦自称是坚定的和平主义者,主张各国人民之间友好相处。他亲眼见到战争带给人民的苦难,号召青年们拒绝服兵役。他认为:在每一个国家里,只要有百分之二的青年人拒绝服兵役,军队就不能扩充,也就不会再有战争了。他的主张被许多青年人接受。

爱因斯坦积极参加各种各样的裁军会议、和平会议,在讲台上大声呼吁成立和平组织,为和平而斗争。他在给著名的奥地利精神分析学家弗洛伊德的信中说:"真正有才干的知识分子的团体一旦建立起来,它就可以有力地动员一群又一群真诚的人来参加反对战争的斗争。"

冷酷的现实,把爱因斯坦一片真诚的热心撞得粉碎。

1933年1月30日,蓄谋已久的政治事件终于发生了,86岁的共和国总统兴登堡元帅把共和国出卖给了希特勒。法西斯纳粹党终于掌握了国家政权。

这一天晚上,成千上万人组成的游行队伍,跟着震耳欲聋的军乐队,高举火炬,把柏林映得一片通明,直到深夜。

2月，希特勒集团纵火烧毁了国会大厦。事后，他们无耻地诬陷共产党，说共产党人放火。大厦着火的第二天，以"防止共产党危害国家"为名义，强行宣布法令。

两个月以后，希特勒下令抵制全国犹太人的商店，纳粹党徒砸碎了所有犹太人店铺的玻璃。一年以后，希特勒宣布解散各邦的议会。又过了半年，解散了一切政党。人类历史上最黑暗的法西斯统治笼罩着整个德国。

此时，爱因斯坦正在美国讲学，痛心地注视着德国。

爱因斯坦和爱尔莎去了德国驻纽约总领事馆。领事先生认识爱因斯坦，在办公室里，他冷冰冰地说："教授先生，最近您对《纽约世界电讯报》发表了一篇谈话，这篇谈话在柏林引起了震动，您怎么看这件事情呢？"

"谈话？是的，"爱因斯坦刚刚发表了一篇谈话，他痛心地说："一个人精神受到压抑会得精神病，同样，一个社会组织面临严重的难题也会害病。我希望，不久以后，比较健康的气氛在德国会得到恢复。我也希望将来像康德和歌德那样伟大的德国人，会被人们纪念，会永远受到尊敬。"

总领事提醒说："您说到了德国。"

是的，爱因斯坦说到了德国，他说："公民自由、宽容、平等，这些条件目前在德国都不存在。那些对国际间的谅解有杰出贡献的人，在那里正遭受迫害。"

总领事像背诵课文一样说："现在德国是国社党执政，新政府是主持正义的，爱因斯坦先生在德国不会受到任何威胁，也不会遇到任何麻烦。"

爱因斯坦庄重声明："我不想再回到德国。"

坐在旁边的领事馆秘书匆匆站起来出去了，也许，他想要赶快把这个"可恶的犹太人"的这个表态发一份电报，报告柏林。

门刚刚合上，总领事脸上的表情马上变了。他真诚而焦急地对爱因斯坦说："教授先生，现在，我以个人的身份对您讲，您的行动是正确的。您不能回德国！那里什么事情干不出来？我钦佩您的决心！"爱因斯坦的眼睛湿润了。

总领事指着几份报纸说："您看，德国的报纸上把您叫作犹太阴谋家，共产党阴谋家。"

爱因斯坦说："我从来不是共产党。当然，我是犹太人，我反对法西斯。"

总领事正要说什么，秘书推门进来了，总领事脸上又挂起了公事公办的冰冷表情。他不再说什么，只是彬彬有礼地把爱因斯坦夫妇送出门。

据史料记载，这位总领事一直不满希特勒的法西斯统治，在希特勒发动第二次世界大战横行欧洲的时候，他和许多正直的德国人秘密组织起义，试图推翻希特勒的统治，结束这场疯狂的侵略战争。但是，他们的英勇努力没有成功。1944年，他被法西斯杀害了。

如何看待自己多年来信仰的和平主义呢？爱因斯坦多次这样问过自己。不能做消极的和平主义者，而要做个战斗的和平主义者。

爱因斯坦下定了决心。他说："我决心为和平而战斗。"

来访者好心地提醒他，德国报纸已经连篇累牍地攻击爱因斯坦，并且一再威胁要杀死他。爱因斯坦说："每一个伟大的事业，开头总是只为少数有闯劲的人们信奉。一个人为他信奉的事业，例如为和平事业而死，岂不是比他被自己不信奉的事业、被战争折磨强得多吗？"

爱因斯坦对日本发动"九一八事变"进而侵占中国东北感到极其愤慨。爱因斯坦亲自找到美国一位著名的外交家，问他："为什么不用贸易抵制的办法迫使日本停止武装侵略？"

那位一向自诩主持正义的外交家说："这一切关系到我们的商业利益太大了。"

"商业利益？"爱因斯坦非常气愤。

1932年8月27日，爱因斯坦给世界反战大会写了一封贺信，信中说："当日本侵犯中国东北的时候，文明世界没有足够的力量阻止这种罪行。那些实业家的利益原来比各国人民对于正义的渴求更有力量。让所有热爱和平的人，不分政治信仰，拿出自己的全部力量，使理智与和平代替暴力和无休止的对财富的欲望！"

他的信受到大会2300个代表的欢迎。在这次会议上，爱因斯坦当选为反对法西斯、反对战争的常务委员会的委员，同时当选的还有：高尔基、罗曼·罗兰、克拉拉·蔡特金、德莱塞……中国的宋庆龄女士则两次当选为名誉主席。

爱因斯坦的威信越来越高，他不仅作为一个伟大的科学家受到普遍的尊敬，也作为一个伟大的主张和平、进步和正义的社会活动家受到尊敬。

在德国，纳粹党徒冲进了爱因斯坦的家。他们扬言要搜查共产党的武器。

他们已经没收了爱因斯坦在银行的所有存款，说这是暴乱活动的经费，其实，只有区区5000马克。

屋子里、花园里，一定有秘密！疯狂的法西斯分子逼着邻居拿来铁锹，他们把花坛、草地挖得乱七八糟，把屋里翻得底朝天，最后失望地发现，屋里只有一把生了锈的面包刀。幸亏爱因斯坦的女儿玛戈特把他的许多手稿、书籍和资料都转移到法国大使馆，她自己也迅速脱身了。

法西斯分子宣布：没收爱因斯坦的别墅，收归国有，并悬赏2万马克，要爱因斯坦的头颅！爱因斯坦故乡乌尔姆小镇的法西斯分子也不甘落后，他们决定，砸烂"爱因斯坦街"的路牌，这是20世纪20年代他获得诺贝尔奖以后，家乡人民为之命名的。法西斯分子把这条街改名为"费希特街"。

爱因斯坦不向纳粹集团低头的事实被大家传颂。几个青年交头接耳地议论着："爱因斯坦是个了不起的人！"

有一名青年拿着纳粹的秘密文件，冒着生命危险来见爱因斯坦。爱因斯坦看后说："我并不需要这份文件啊！"

那位青年惊奇地说："您不是反对纳粹的领袖吗？"爱因斯坦笑着说："我不是什么领袖，只是不屈服他们而已。"

▶ "爱因斯坦事件"

1933年，共和国总统兴登堡元帅把共和国出卖给了希特勒后，希特勒的"革命"开始了，他把德国投入了黑暗之中。他的"革命"手段特别彻底：烧书、抄家、集中营、拷打、虐杀、暗杀、明杀……

街道上是D字旗的海洋，身穿褐色制服、臂戴D字袖章的冲锋队员列队而过，长筒皮靴"嚓、嚓、嚓"，踩出有力的节奏。数不尽的群众大会和火炬游行。数不尽的扩音器，将谎言重复一千遍，制造出希特勒的"真理"。对老百姓利诱威胁，双管齐下，一会儿以德意志天堂来引诱，一会儿又以街头褐色恐怖来威胁。柏林街头冬日的宁静被打破了，欧洲的冬天刮起了颤栗的北风……

希特勒的纳粹运动除了战争的叫嚣外，还有非理性恶魔对理性的残酷报复。作为犹太人和科学家的爱因斯坦，自然成了法西斯主义的首要攻击目标。希特勒一上台，柏林针对爱因斯坦的"缺席审判"就拉开了序幕。

1933年，勒纳在报刊上说："爱因斯坦及其种种理论和由陈词滥调与任意拼凑炮制出来的数学废话，是犹太人集团对自然界研究的危险影响的一个最重要的例子……"

1933年3月1日，也就是科学院声明发表的日子，正值"排犹日"。这一天，柏林的冲锋队暴徒占领了许多大学、研究所及医院。他们把犹太大学生、助教和教授撵出大门，使他们受尽凌辱和虐待，国家图书馆也被匪徒们闹翻了天，他们抢走了犹太读者的借书证。不许市民去犹太人开的店铺购买东西。正是在这些无耻之极的事件连续发生的背景下，德国最伟大的科学院开除了它享有盛名的院士。

1932年5月11日，科学院再次开会讨论所谓"爱因斯坦事件"，刚从国外归来的普朗克说了一番沉痛的话：

"我要讲的，相信也是我的科学界同行和大多数德国物理学家的心里话：爱因斯坦先生不仅是一位杰出的物理学家，还是这样的一位物理学家，他在科学院期间发表的文章，使本世纪的人们加深了对物理学的认识。它们的重要作用只有开普勒和牛顿的业绩才能与之媲美。我之所以要首先讲清这一点，为的是使我们的后代免于产生这样的错觉，以为爱因斯坦先生的科学界同行连他在科学上的重要地位也没有完全领悟。"后来，年迈的普朗克一再说，"爱因斯坦事件"将会成为科学院历史上耻辱的一页。

1933年夏天，爱因斯坦是在勒科克度过的。9月初，比利时警察局宣称，爱因斯坦乘私人游艇去南美了。发布这一消息是故意迷惑可能有的纳粹间谍的盯梢。

实际上，爱因斯坦启程去了英国，在诺福克下船后坐上一辆严密遮盖的轿式马车被带到自己的一位英国仰慕者的住所。

在这儿，爱因斯坦住在一所僻静的用大圆木建筑的房子里，周围有武装骑兵队巡逻，为了不引人注意，巡逻队由姑娘们组成。

1933年，希特勒的上台使爱因斯坦不得不流落他乡，他多年对和平的期望又要破灭了。

爱因斯坦不得不重新思考战争问题了。这一年，与爱因斯坦熟识的朋友回忆说：

"在他身上仿佛有某种东西死去了。他坐在我们家的沙发上，一面把自己的一绺绺白发缠在手指上，一面沉思默想地谈各种话题……他再也不笑了。"

名人名言·诚信

1. 巧诈不如拙诚。

　　　　　　　　　　　　　　——〔战国〕韩非子

2. 小信诚则大信立。

　　　　　　　　　　　　　　——〔战国〕韩非子

3. 言多变则不信。

　　　　　　　　　　　　　　——〔北宋〕欧阳修

4. 生来一诺比黄金，那肯风尘负此心。

　　　　　　　　　　　　　　——顾炎武

5. 你必须以诚待人，别人才会以诚相报。

　　　　　　　　　　　　　　——李嘉诚

6. 对人以诚信，人不欺我；对事以诚信，事无不成。

　　　　　　　　　　　　　　——冯玉祥

7. 人际关系最重要的，莫过于真诚，而且要出自内心的真诚。真诚在社会上是无往不利的一把剑，走到哪里都应该带着它。

　　　　　　　　　　　　　　——三　毛

8. 我宁愿以诚挚获得一百名敌人的攻击，也不愿以伪善获得十个朋友的赞扬。

　　　　　　　　　　　　　　——〔匈牙利〕裴多菲

9. 信用像一面镜子，一有裂痕，就难以复原。

　　　　　　　　　　　　　　——〔瑞士〕亚美路

10. 遵守诺言就像保卫你的荣誉一样。

　　　　　　　　　　　　　　——〔法〕巴尔扎克

第九章

Einstein

普林斯顿的平静生活

> 人们所努力追求的庸俗的目标——财产、虚荣、奢侈的生活——我觉得都是可鄙的。
>
> ——［美］爱因斯坦

迁居美国

1930年，美国两个拥有亿万资产的兄妹，请来美国著名的教育家和学校改革家弗莱克斯纳，请他帮助建立一个新的科学研究所。

弗莱克斯纳发现，实用型的研究所在美国已经够多了，于是，建议创办一个新型的高级研究机构，将各个学科的第一流学者都聘请来。没有计划，没有任务，研究什么，怎样研究，一切都听任学者们自己的安排，研究所只负责向各位学者提供足够的经费。

弗莱克斯纳把这个机构定名为：高等研究院，他就是实际的组织者。

弗莱克斯纳认为，既然拥有足够的经费，就应该让世界上最有名的科学家们摆脱教学、行政、日常生活琐事的操劳，他们应当研究最高级和最普遍的问题。如果能招聘到一流的学者，就不愁没有更多的年轻的杰出学者们慕名而来。

在聘任通知中，弗莱克斯纳反复强调，来研究院的学者享有完全的独立性，研究院是"一个自由港，学者们在这里可以把世界看作是自己的实验室，而无一日三餐之忧"。

1932年1月，有人建议弗莱克斯纳去加利福尼亚的帕萨迪纳，因为当时爱因斯坦正在那儿讲学。

弗莱克斯纳有些犹豫：这可是当今物理学界的泰斗，自己能请得动吗？但是，如果请来了爱因斯坦，普林斯顿高等研究院的声名不就立刻传出去了吗？

弗莱克斯纳抱着试一试的态度去了帕萨迪纳，他详细向爱因斯坦谈了研究院的宗旨和计划。爱因斯坦听了很感兴趣，但表示每年可能还得在柏林待一段时间。

不久之后，弗莱克斯纳到牛津大学与爱因斯坦会面的时候，再次邀请爱因斯坦来普林斯顿高等研究院。

当时，爱因斯坦回德国的希望已经很渺茫了，他便有了去普林斯顿的意向。1933年以后，爱因斯坦已主动与柏林断绝了关系，去普林斯顿也就成了顺理成章的事。

亚伯拉罕·弗莱克斯纳

弗莱克斯纳就好像捡到了一个从天上掉下来的金元宝一样，连连问爱因斯坦有什么要求。

爱因斯坦提出两个要求：一、普林斯顿高等研究院要接受他的助手迈耶尔，给他一个正式的职位；二、他的年薪只要3000美元，并说"如果在普林斯顿维持一年生活不需3000美元，还可以再低一些"。

对第一个要求，经过大家商量之后，终于得到了圆满的解决。

可是，面对第二个要求，却让弗莱克斯纳有点为难了。一个堂堂最高研究院里的世界著名科学家，年薪只要3000美元，这怎么说得过去呢？让不知内情的人知道，岂不是会说普林斯顿在虐待爱因斯坦吗？

弗莱克斯纳觉得自己实在担不起这个罪名。他一次又一次向爱因斯坦提议，能否把年薪提高，到最后，他几乎是恳求爱因斯坦了。几经"讨价还价"之后，总算说服爱因斯坦接受了16300美元的年薪。

从伯尔尼专利局开始，爱因斯坦就养成了一个习惯，工作之外的时间才是属于自己的研究时间。他把研究看成是属于自己的东西，仅凭研究去拿薪水他总觉得不安。从苏黎世、布拉格到柏林，他讲课的时间越来越少，但总还是有的。如今到普林斯顿，所有的时间都由他支配，他下意识地觉得有愧，觉得有点不好意思。

爱因斯坦对凭纯科学研究领取薪金感到难为情，这种感情也许是无意识的，但对于他而言，又有着内在的深刻理由。他总想干些与基本的研究活动无关的事情作为生活费用的来源。

尽管普林斯顿高等研究院多次声明该院的科学家有完全自由支配时间的权利，但是，爱因斯坦还是不想成为纯粹被社会供养的人，他忘不了一个人应对社会承担的责任与义务，哪怕自己的研究仍然是属于社会的。

1933年10月7日，爱因斯坦从英国登上了一艘去美国的轮船，同行的有妻子爱尔莎、助手迈耶尔博士和秘书艾伦·杜卡斯。

爱因斯坦自己也没想到，他这是在与欧洲永别。朗之万预言家般地说了一句后来被验证的话："这是一件大事。它的重要性就如同梵蒂冈从罗马搬到新大陆一样。当代物理学之父迁到了美国，现在美国成为世界物理学的中心了。"

古老的欧洲，在法西斯主义的阴影中，黯然失色了。罗斯福的"新政"，为美国带来了希望，也成为欧洲反法西斯的大后方。去美国，对爱因斯坦来说，已经是没有选择的选择了。

普林斯顿是美国东部的一个大学城，人口只有几千人。小城里民风纯朴，阳光灿烂。林荫道上的行人稀稀疏疏，道路两旁星星点点散布着一些一两层楼的小房子。红色的屋顶，白色的墙，掩映在郁郁葱葱的树木丛中。每一座房子都像绿色海洋中的一个孤岛。这里似乎闻不到金圆帝国的铜臭，听不见工业巨人的叫嚣。这里就像莱顿小城和苏黎世湖畔、柏林郊外那样娴雅幽静，具有古老欧洲的情趣。

爱因斯坦来到普林斯顿之后，这个僻静的小城就和一个伟大的名字联系在了一起，成了举世闻名的科学圣地。

▶ 写给后代子孙的信

综观爱因斯坦的大半生,他的家庭生活是不幸的。他的小儿子留在欧洲,不幸得了严重的精神病。爱尔莎的大女儿,一直和爱因斯坦一起生活,也病死了。

没过多长时间,夫人也去世了。为了减少心中的疼痛,爱因斯坦将自己关在了实验室里。他知道,只有忘我地工作,才能减少心中的疼痛。

爱因斯坦非常喜爱的妹妹玛雅活泼而富于才华,她在丈夫去世以后回来投奔哥哥,住在普林斯顿,过了不长时间,也一病不起。

一个又一个打击落在了爱因斯坦身上,可是,他顽强地抗争着,把自己的精力全部都用到了科学研究上,把自己的感情献给了全人类。

爱因斯坦看到了美国人民的善良、热情、富于探索和钻研的精神,看到了美国高度发达的生产和科学技术;同时,他看到了美国严重的贫富悬殊和种族歧视。他对美国既怀着钦佩的心情,又为它的弊病而忧虑。

由于罗斯福总统强有力的新政,美国从经济危机中解脱出来,经济又开始了迅速地发展,1938年决定在纽约召开一次规模空前的世界博览会。

为此要修一座大型的现代化建筑,要开挖很深的地基。人们发现,这里的岩层特别坚固,都是非常坚硬的花岗岩。有人建议:挖掘一个深井,里面放置一个钢铁制成的容器,这个容器要造得能经受高压，不怕腐蚀，不怕高温，也不会被水浸入；容器里面要装上一些文件，把这些文件留给五千年以后的子孙。那时候打开这些文件，就会知道我们这个时代的生活，这是何等有意义啊！

这个建议立刻得到了热烈的响应。可是，由谁来给五千年以后的子孙写信呢？当然要最有威望、最有影响的人来写。

罗斯福总统亲自给爱因斯坦打电话，请他写一份100字左右的东西，尽可能扼要地把我们时代的思想感情写出来。当然，被选中的人不止爱因斯坦一个，每个人都有自己的写法。

爱因斯坦为这封信动了一番脑筋。他决定：写真话！不阿谀奉承，粉饰太平！不管1938年的人看了会不会高兴，而要让6938年的人看了之后知道真实的情况。

爱因斯坦的信全文如下：

给五千年后子孙的信

我们这个时代产生了许多天才人物，他们的发明可以使我们的生活舒适得多。我们早已利用机器的力量横渡海洋，并且利用机械的力量可以使人类从各种辛苦繁重的体力劳动中最后解放出来。我们学会了飞行，我们用电磁波从地球的一个角落方便地同另一个角落互通信息。

商品的生产和分配却完全是无组织的。人人都生活在恐惧的阴影里，生怕失业，遭受悲惨的贫困。生活在不同的国家里的人民还不时地互相残杀。由于这些原因，所有的人一想到将来，都不得不提心吊胆和极端痛苦。所有这一切，都是由于群众的才智和品格，比起那些对社会产生真正价值的少数人的才智和品格来，是无比的低下。我相信后代会以一种自豪的心情和正当的优越感来读这封信。

爱因斯坦写这封信的时候，西班牙正在进行着激烈的内战。1936年，法西斯势力在西班牙发动叛乱，挑起了残酷的内战。

德国和意大利法西斯派出几十万军队参战，同时给叛军送去了一千多辆坦克，两千多门大炮和一千多架飞机。

全世界人民都在关注着西班牙的战斗，爱因斯坦也注视着西班牙。经过西班牙人民的英勇抵抗，德意志法西斯全力支持的叛军被节节打退。在听到这个打了胜仗的消息以后，爱因斯坦两眼放光，高兴地说："这真是天使的声音！"

为了支援西班牙，纽约人民召开了群众大会，爱因斯坦因为有病没能参加，但他却发出了一份电报表示声援。他在电报中说："我首先要大声疾呼，为拯救西班牙的自由，必须采取强有力的行动。我认为这是一切真正的民主主义者义不容辞的责任。"电报还歌颂了西班牙人民可歌可泣的大无畏精神和英雄气概，当爱因斯坦的电报被宣读出来的时候，受到了群众的热烈欢呼。

1939年春天，马德里沦陷，西班牙共和国被内外夹攻的反动势力颠覆了。消息传来，爱因斯坦正在参加一个物理讨论会。

讨论会开不下去了，教授、学生们情绪非常激动。爱因斯坦低声说："这是一个结束。"

"什么结束？"一个学生问。

"凡尔赛和约所开始的那个时代结束了。"爱因斯坦说。是的，第一次世界大战以后的和平时代结束了。

学生们静下来，听着爱因斯坦的讲话："以后又会怎么样呢？是法西斯在欧洲取得胜利吗？不错，也许会的。但是，再以后呢……"

爱因斯坦说着，屋子里笼罩着可怕的寂静。

爱因斯坦接着说："这不是个悲剧吗？在这个时候，我们讨论着电子，而同一时刻，血流成河……我感到害怕，我为人类害怕！"

一个学生高声喊道："可是，世界上还有一种力量，在向着好的方向发展。"

爱因斯坦注视着这个学生，他沉思着说："我知道您指的是什么。不错,这是唯一的方向。"

马德里沦陷,捷克斯洛伐克又被德国侵占,恐怖的阴影越来越浓厚,越来越黑暗,一场空前可怕的狂风暴雨就要来了。爱因斯坦密切关注着社会。

美国著名工人领袖托马斯·莫尼被警察当局诬陷为谋杀犯,判处死刑,后又改为无期徒刑。爱因斯坦知道了这件事情,便写信对莫尼表示声援,又向加利福尼亚地方当局抗议,为莫尼和他的同志申冤。

爱因斯坦为美国的种族歧视感到愤慨,他明确反对把黑人叫作"劣等民族",他把种族歧视叫作"祸害",号召人们团结起来把它战胜、克服。

1936年年底,中国的国民党反动当局蛮横无理地逮捕了沈钧儒、邹韬奋、李公朴、章乃器、王造时、沙千里、史良七个人,原因是他们响应中国共产党"停止内战,一致抗日"的主张,在上海成立了全国各界联合会,并发表声明,要求国民党政府停止内战,释放政治犯,与红军谈判,建立统一的抗日政权。国民党反动派给他们扣上了"危害民国"的罪名,对他们非法审判。全世界正义的人们开始声援七君子,向国民党反动派提出了抗议,在抗议声中,就有来自于美国普林斯顿的爱因斯坦的抗议电报。

▶ 与世长辞

1955年4月13日,爱因斯坦的右脸部感到阵阵剧痛,还出现了别的症状。医生们诊断是主动脉瘤,并建议他动手术。

爱因斯坦拒绝了。他知道,自己应该走了。自从1917年那场大病以来，他一直有胃痉挛、头晕恶心和呕吐的毛病。1945年和1948年接连做了两次手术，发现主动脉上有瘤，这是一个致命的定时炸弹。他知道，现在这个定时炸弹要爆炸了。

第二天，心脏外科专家格兰医生从纽约赶来。尽管病人很虚弱，但格兰还是建议开刀，这是唯一的抢救方法。爱因斯坦苍老的脸上现出一丝疲倦的微笑，摇摇头说："不用了。"

几年前，医生就告诉他那个主动脉瘤可能随时破裂，爱因斯坦总是笑着说："那就让它破裂去吧！"

4月16日，爱因斯坦病情恶化，秘书杜卡斯又匆匆请来医生。医生让爱因斯坦立即住院。

一到医院，爱因斯坦就让人把他的老花眼镜、钢笔、一封没有写完的信、一篇没有做完的计算送来了。

生命垂危的爱因斯坦在病床上欠了欠身子，戴上老花镜，想从床头柜上抓起笔，可手还未抬起，他又倒了下去。宽大的布满皱纹的额头上冒出一层汗珠，那支用了几十年的钢笔从手里滑下来落到地上。

4月17日，爱因斯坦自我感觉稍好一些。儿子汉斯坐飞机从加利福尼亚赶来了，女儿也因病住在同一所医院里，她坐着轮椅来到他的床前。

爱因斯坦微笑着对儿女们说："没什么。这里的事情，我已经做完了。"

对所有来看他的朋友、同事们，爱因斯坦都静静地说着同一句话："别难过，人总有一天要死的。"

他提前立下遗嘱："我死后，切不可把梅塞街112号变成人们'朝圣'的纪念馆。我在高等研究院的办公室，要让给别人使用。除了我的科学理想和社会理想，我的一切都将随我一起死去。"

晚上，爱因斯坦让杜卡斯回去休息。夜里1点刚过，突然，护士听见爱因斯坦呼吸急促，她急忙走到床前，只听见爱因斯坦用德语含含糊糊地说了几句话。多么可惜，她不懂德语。努力倾听，还是没有听明白。

1955年4月18日凌晨1时25分，爱因斯坦在他定居了22年的美国新泽西州普林斯顿市与世长辞。

巨星陨落，举世同悲。电讯传遍了地球每一个角落："当代伟大的物理学家爱因斯坦逝世，终年76岁。"

全球为之悲痛，到处都是悼词："世界失去了最伟大的科学家""人类失去了最伟大的儿子"。

到处都是颂词："爱因斯坦开创了物理学的新纪元""爱因斯坦改变了人类对世界和宇宙的认识"。

唁电和唁函，像雪片一样从世界的每一个角落飞到了普林斯顿。这些唁函和唁电，有来自学术团体的，也有来自国家元首和政府首脑的；有来自著名科学家的，也有来自普通的男男女女的……人们怀念爱因斯坦，因为他改变了人类对宇宙的认识，开阔了科学造福于人类的无限广阔的前景；人们怀念他，因为他一生致力于对光明的追求，为人类的进步进行了不屈不挠的斗争。

真理不属于个人，甚至不属于发现者，就像爱因斯坦从不认可他发现了相对论的提法一样。个人的生命如果想不朽，就得在探索、追求真理的过程中留下自己的足迹。记住爱因斯坦的话："死去的我们，将在我们共同创造的保留于我们身后的事物中得到不朽。"

我们还应记住英费尔德讲的一件事：

曾在1927年给爱因斯坦画过像的巴伐利亚画家约瑟夫·萨尔，于1938年逃出纳粹监狱，到了普林斯顿。

他在这里问过一位老人这样一个问题："大家对爱因斯坦的科学著作内容一点不知道，可是，为什么还如此仰慕爱因斯坦呢？"

老人回答说："当我想到爱因斯坦教授的时候，我有这样一种感觉，仿佛我已经不是孤孤单单一个人了。"

这就是爱因斯坦的不朽，是人世间真正的、永恒的不朽。

名人名言·理想

1. 人皆可以为尧舜。

   ——〔战国〕孟　子

2. 封侯非我意，但愿海波平。

   ——〔明〕戚继光

3. 理想是事业之母。

   ——叶圣陶

4. 理想不抛弃苦心追求的人，只要不停止追求，你们会沐浴在理想的光辉之中。

   ——巴　金

5. 理想即是一种责任，一种事业，一种用献身精神为动力的人类的共同追求。

   ——冯骥才

6. 每个人的生命都是小船，理想是小船的风帆。

   ——张海迪

7. 理想是指路明灯。没有理想，就没有坚定的方向；没有方向，就没有生活。

   ——［俄］列夫·托尔斯泰

8. 世界上最快乐的事，莫过于为理想而奋斗。

   ——［古希腊］苏格拉底

9. 人类的心灵需要理想甚于需要物质。

   ——［法］雨　果

10. 现实是此岸，理想是彼岸，中间隔着湍急的河流，行动则是架在河上的桥梁。

    ——［俄］克雷洛夫

第十章

Einstein
生活中的爱因斯坦

> 凡是对人类生活提高最有贡献的人，应当是最受爱戴的人，这在原则上是对的。但是如果要求别人承认自己比同伴或者同学更高更强，或者更有才智，那就容易在心理上产生唯我独尊的态度，这无论对个人对社会都是有害的。
>
> ——［美］爱因斯坦

▶ 点滴生活

不知道诺贝尔奖的真正含义

爱因斯坦因为在科学上的成就，获得了许多奖状和名誉博士的授予证书。一般人都会把这些东西高高挂起来，可是，爱因斯坦却把以上的这些东西，包括诺贝尔奖奖状，一起乱七八糟地放在了一个箱子里，看也不看一眼。

据说，爱因斯坦在得奖的那一天，脸上和平日一样平静，没有显出特别高兴或兴奋。英费尔德说："我有时候觉得爱因斯坦可能连诺贝尔奖有什么意义都不知道。"

过着简朴无华的生活

少年时代的爱因斯坦在瑞士生活时，过的是穷学生的生活。他对自己的物质生活要求不高，一碟意大利面条加上一点酱就会让他感到很满意。

成名之后，爱因斯坦成了一名知名的教授。后来为了躲避纳粹的迫害移民美国，他本来是有条件得到很好的物质享受的，但是，他仍保留像穷学生那样简朴无华的生活。

年薪 3000 美元

当爱因斯坦来到普林斯顿的高等科学研究院工作时，当局给了他高薪——年薪 16300 美元，他却说："这么多钱，是否可以给我少一点？给我 3000 美元就够了。"

衣着朴素、不拘小节

爱因斯坦对自己的衣着不十分注意。他长年披着一件黑色的皮上衣，既不穿袜子，也不结领带，有时候甚至裤子上既没有绑皮带也没有吊带。在和其他人在黑板前讨论问题的时候，爱因斯坦经常会一面写黑板，一面要把那像要滑下的裤子用手拉住，这种情形有些滑稽。

生活节俭

爱因斯坦是一个很节俭的人，他用于计算的纸是两面都写，而且他把许多寄给他的信的信封裁开，当作计算的草稿纸，不让它们在进纸篓之前失掉可以再利用的价值。爱因斯坦在外出时经常坐二三等车，平时只吃一些简单的食物。

1909 年 7 月，爱因斯坦应邀到日内瓦，参加隆重的日内瓦大学 350 周年校庆和纪念建校人加尔文的庆祝活动，并接受日内瓦大学颁发给他的荣誉博士学位。

在庆祝活动的游行中，学校里的显要人物和政府中的大人物，都身穿燕尾服、头戴高礼帽，或者身穿中世纪式的绣金长袍，头戴平顶丝帽，而爱因斯坦却穿着一套平时上街穿的衣服，戴着一顶草帽。

对这次庆祝活动所举办的盛大宴会，爱因斯坦很不以为然，他对坐在旁边的人说："如果加尔文还活着，他会堆起一大堆柴火，为搞这样的铺张浪费的盛宴而把我们全都烧死。"

珍惜时间

爱因斯坦是个很珍惜时间的人，他不喜欢参加社交活动与宴会，他曾讽刺地说："这是把时间喂给动物园。"

他将自己的精力都用在了科学研究中，他既不希望宝贵的时间消耗在无意义的社交谈话上，也不想听到那些奉承和赞扬的话，他认为："一个以伟大的创造性观念造福于全世界的人，不需要后人来赞扬。他的成就本身就已经给了他一个更高的报答。"

一生中最大的错事

世界级的伟大科学家爱因斯坦，一直为他"一生中最大的错事"而愧疚。爱因斯坦究竟做错了什么事？

1917年，也就是他创立广义相对论的第二年，为了解释宇宙的稳恒态性问题，爱因斯坦和荷兰物理学家德西特各自独立进行此项工作的研究。他们发现，引力场方程的宇宙解是动态的而不是静态的；也就是说，宇宙要么膨胀，要么收缩。

由于物理直觉上的偏见和数学运算上的失误，爱因斯坦绝不放弃静态宇宙的概念，为求得一个静态的宇宙模型解，不惜在方程中引进一个"宇宙项"。

这个结论在当时既符合宇宙学原理，又符合已知的观测事实。然而，1922年，美国学者弗里德曼求出了这个方程的另一个动态解；1927年，比利时学者勒梅特也独立求得同一解。从数学角度证明，宇宙不是静态的，而是均匀地膨胀或收缩着。然而，爱因斯坦仍然不肯接受这个结果，坚持他的静态宇宙模型观。

两年后，美国天文学家哈勃根据远距星云的观测，发现远距恒星发出的光谱线有红移现象，离地球越远的恒星光谱线红移越大。这说明恒星在远离地球而去。哈勃的发现支持了弗里德曼等人的动态宇宙模型观，也改变了爱因斯坦对宇宙的看法。爱因斯坦把坚持静态宇宙模型观的失误称为他"一生中最大的错事"，并收回了对弗里德曼等人的批评。

▶ 爱因斯坦与烹饪

不洗鸡蛋，直接煮

在第一次世界大战期间，爱因斯坦独自一个人住在柏林的一所公寓里。由于夫妻关系破裂，他的妻子米列娃带着两个儿子住到瑞士去了。26岁的爱因斯坦决定用一种独特的方式来精简他的烹饪流程。

为了把尽可能多的时间用来工作，他常常不吃晚餐，一直工作到深夜。当他实在饿得受不了的时候，他才会用最快最简单的方法来填饱自己的肚子。

有一天，继女玛戈特碰巧看到他在厨房里操作。他不是用清水煮鸡蛋，而是把鸡蛋连壳放在平底锅里和汤一起煮，如此一举两得。他甚至快活地承认，那些鸡蛋连洗都没洗过。也许，这就是他经常拉肚子的原因。

豆子罐头

在移居普林斯顿之后，爱因斯坦为自己和三个女孩准备午餐。虽然他的秘书和管家兼保镖艾伦·杜卡斯通常都能保护他不受干扰，但是，孩子们有时候却能越过她的防线。如果是爱因斯坦自己来开大门，而且非常喜欢他见到的孩子，那他们就很可能进入他的房子。

邻居家有个8岁的小女孩，经常来找爱因斯坦帮她解决数学作业里的难题，而他也从来没使她失望过。

有一天，她又来找他帮忙。后来，她的姐姐带着一个伙伴，14岁的简·斯温，跑来叫她回家。爱因斯坦又一次亲自给她们开了门。

爱因斯坦随后就把她们带到了楼上的书房里。爱因斯坦问她们："想不想在这儿吃午饭？"

她们说："当然啦。"于是，爱因斯坦就把一大捆纸从桌上移开，清理出几个凳子让她们坐下，接着，就用开罐器开了四个豆子罐头。爱因斯坦把它们一个个放在斯特诺方便炉上热过，然后，在每个罐头里放了一把调羹。这就是他们的午餐。

不喝酒

爱因斯坦最喜欢的饮料是咖啡，他对美酒或任何其他的酒精饮料都毫无兴趣。他移居美国的时候，禁酒已成了全社会关注的焦点。

有一位新闻摄影记者问他："您对禁酒法有什么看法。"

爱因斯坦回答说："我不喝酒。"

"那您觉得这条法令怎么样呢？"记者接着问。

他回答说："所以，我无所谓。"

无关紧要的事

有一次，爱因斯坦打算用英语写一篇文章。他打电话问萨克斯："萨克斯，你能帮帮我吗？我的句法糟透了。"

于是，萨克斯就去帮他把所有的句子都改好。萨克斯那时是兰登公司的主编，他从纽约乘火车回普林斯顿的时候，常常在爱因斯坦的住所附近下车，给他带去他想看的读物。

那时候，伯特兰·罗素常发表文章，爱因斯坦喜欢读他的东西。于是，短暂的停留常常变成长时间的交谈。他们经常会步行送对方回家，就像学校里的男孩们那样。

一次，爱因斯坦的秘书来电话问："爱因斯坦教授在你这儿吗？"

萨克斯说："不错，他在这儿。"

秘书说："让他回来吧。他应该吃饭了，晚餐要凉了。"

萨克斯对他说："你得回去啦，晚餐在等着你呢。"

爱因斯坦听了，说："哦，那是无关紧要的事。让我们继续边走边谈吧。"

▶ 天才的大脑

爱因斯坦被誉为人类历史上最具创造才华的科学家之一，也是20世纪最伟大的科学家。他出生于1879年，逝世于1955年4月18日。

去世前，他在医院里亲手写下一份遗嘱，明确表示死后将重归"神秘之土"，遗体必须火化，然后把骨灰撒在人们不知道的地方。在遗嘱的最后，他庄重声明：不允许像其他一些名人那样把自己的住所改建成纪念馆。虽然遵照他的遗嘱，没有举行追悼会，也没有为他建立任何墓碑，但这位伟大的科学家永远被世人景仰和怀念。

此后，有关他的遗嘱，社会上流传着许多种说法。有的人说，他生前已经明确表示，死后捐出脑部供科学研究；也有人

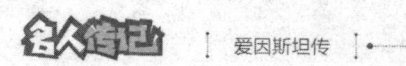

说，爱因斯坦想到了自己大脑的重要性，但并没有表示捐出的意思；还有人说，他重病期间，与主治医生认真探讨过这个问题，但没有作出肯定的承诺。

分析人士认为，爱因斯坦当然知道自己大脑所具有的科研价值，因此，如果他要力保脑袋和身体一起火化，不留给世人进一步研究，以其聪明，他必定会在遗嘱中详细声明。"死后遗体完整火化"，实际情况是，他并未写上"完整"这个字眼，所以他至少已经默许了"死后大脑可以供后人研究"。那个年代已经开始流行脑切片研究，爱因斯坦应该知道，要阻止人们进行脑切片研究几乎是不可能的。

爱因斯坦去世时，在普林斯顿医院为他治病的医师名叫托马斯·哈维，当时42岁。哈维医师对这位科学泰斗仰慕已久，他也一直在考虑爱因斯坦的才智超群这个问题。事有凑巧，那天负责验尸的正是哈维医师，所以他顺顺当当地把爱因斯坦的大脑完整地取了出来。

哈维医师把大脑悄悄地带回家中，浸泡在了消毒防腐药水里，后来又用树脂固化，再切成大约200片，并亲自动手研究大脑，同时也给科学界提供切片进行研究。

哈维医师将爱因斯坦的大脑保存了40多年，此间科学界对爱因斯坦的大脑进行了全面的研究。据不完全统计，研究过爱因斯坦大脑的科学家不下百名。有人猜测，这其中肯定有惊人的发现，但很多科学家是在政府的授意下进行研究的，成果属于国家机密，不便发表。

1997年，哈维医师已经84岁高龄，他想到自己身体再健康，也会有死的那一天，便决定把所有的大脑切片送还给爱因斯坦生前工作的地方——普林斯顿大学。此脑经历了43年的辗转，最终回到了爱因斯坦逝世的地方。

大脑被送回之后，院方很快便收到了几份希望进行研究的申请，其中包括加拿大安大略省麦克马斯特大学女教授桑德拉·威尔特森、日本群马大学医学院的山口晴保教授。

　　山口教授于1998年11月公开了初步的研究结果，他发现爱因斯坦的大脑有明显的老年痴呆症状。山口教授仍努力从大脑揭示爱因斯坦的天才秘密。

　　威尔特森教授领导的研究小组，则发现爱因斯坦的天才是"天生"的，并非后天用功求学得来。虽然科学研究证实，后天的努力也能成才，但与生俱来的天才的的确确是存在的。

　　根据威尔特森研究的结果，爱因斯坦大脑左右半球的顶下叶区域，比常人大15％，非常发达。大脑后上部的顶下叶区发达，对一个人的数学思维、想象能力以及视觉空间认识，都发挥着重要的作用，这也解释了爱因斯坦为何具有独特的思维，才智过人。

　　爱因斯坦大脑的另一个特点，是表层的很多部分没有凹沟，这些凹沟就像脑中的路障，使神经细胞受阻，难以互相联系；如果脑中没有这些障碍，神经细胞就可以畅通无阻地进行联系，使大脑的思维活跃无比。

　　威尔特森的发现轰动了世界，但是，有些西方科学家呼吁，这一发现固然可喜，但应谨慎对待，因为仅凭爱因斯坦的一个大脑就得出这样的结论，理由并不充分，因为那可能只是一般聪明的犹太人普遍具有的脑部特征。爱因斯坦尽管生来是天才，但如果没有后天的培养和个人的努力，天才也难以发挥出超人的智慧。哈佛大学比尼斯教授指出，爱因斯坦脑部的最新发现，无疑有重要的意义，但仍需要作更深入的研究和比较，才可对这个"天才之脑"下最后的结论。

名人名言·善良

1. 对于丑恶没有强烈憎恨的人,也不会对于美善有强烈的执着。

    ——茅 盾

2. 凡是能够促进人类向上发展的,都是最美的,都是善的,也都是诗的。

    ——艾 青

3. 一切恶出于自私,而通于一切之善者就在于不自私,以致舍己而为公。

    ——梁漱溟

4. 友谊是两颗心真诚相待,而不是一颗心对另一颗心的敲打。

    ——鲁 迅

5. 惆怅隶属于善良,绝无惆怅感的人也许非常不平凡,但是毕竟非善良之辈。

    ——刘心武

6. 一个热情的人,尤其是青年,过火是免不了的;只要心地善良、正直、胸襟宽广,能及时改正自己的判断,不固执己见,那就好了。

    ——傅 雷

7. 善良,是一种世界通用的语言,它可以使盲人看到,聋人听到。

    ——[美] 马克·吐温

8. 善良的心地等于黄金。

    ——[英] 莎士比亚

名人年谱

爱因斯坦

1879年3月14日上午11时30分，爱因斯坦出生在德国乌尔姆市班霍夫街135号。父母都是犹太人。

1880年，爱因斯坦一家迁居慕尼黑。

1884年，爱因斯坦对袖珍罗盘着迷，进天主教小学读书。

1886年，爱因斯坦在慕尼黑公立学校读书。

1888年，爱因斯坦入路易波尔德高级中学学习。

1894年，全家迁往意大利米兰。

1895年10月，爱因斯坦转学到瑞士阿劳州立中学。写了第一篇科学论文。

1896年，爱因斯坦获阿劳州立中学毕业证书。10月进苏黎世联邦工业大学师范系学习物理。

1900年8月，爱因斯坦毕业于苏黎世联邦工业大学。12月完成论文《由毛细管现象得到的推论》，次年发表在莱比锡《物理学纪事》上。

1902年6月，爱因斯坦受聘为瑞士伯尔尼专利局的试用三级技术员。6月完成论文《关于热平衡和热力学第二定律的运动论》，提出热力学的统计理论。10月父病故。

1903年1月，爱因斯坦与米列娃结婚。

1904年9月，爱因斯坦由专利局的试用人员转为正式三级技术员。

1905年3月，爱因斯坦发表"量子论"，提出光量子假说，解决了光电效应问题。4月向苏黎世大学提出论文《分子大小的新测定法》，取得博士学位。5月完成论文《论动体的电动力学》，独立而完整地提出狭义相对论原理，开创物理学的新纪元。9月提出质能相当关系。

1906年4月，爱因斯坦晋升为专利局二级技术员。11月完成固体比热的论文，这是关于固体的量子论的第一篇论文。

1907年，爱因斯坦开始研究引力场理论，在论文《关于相对性原理和由此得出的结论》中提出均匀引力场同均匀加速度的等效原理。6月申请兼任伯尔尼大学的编外讲师。

1909年3月和10月，爱因斯坦完成两篇论文，每一篇都含有对于黑体辐射论的推测。10月离开伯尔尼专利局，任苏黎世大学理论物理学副教授。

1911年3月，爱因斯坦任布拉格德国大学理论物理学教授。10月去布鲁塞尔出席第一次索尔维会议。

1912年10月，爱因斯坦回瑞士，任母校苏黎世联邦工业大学理论物理学教授，提出光化当量定律。

1913年，爱因斯坦发表同格罗斯曼合著的论文《广义相对论纲要和引力理论》，提出引力的度规场理论。

1914年4月6日，爱因斯坦从苏黎世迁居到柏林。

1916年3月，爱因斯坦完成总结性论文《广义相对论的基础》。8月完成《关于辐射的量子理论》，总结量子论的发展，提出受激辐射理论。首次进行关于引力波的探讨。写作《狭义和广义相对论浅说》。

1917年2月，爱因斯坦著述第一篇关于宇宙学的论文，引入宇宙项。

1918年2月，爱因斯坦发表关于引力波的第二篇论文，包括四级公式。

1919年1—3月，爱因斯坦在苏黎世讲学。2月同米列娃离婚。6月与爱尔莎结婚。9月获悉英国天文学家观察日食的结果，11月6日消息公布后，全世界为之轰动。12月，接受德国唯一的名誉学位——罗斯托克大学的医学博士学位。

1920年10月，爱因斯坦接受兼任莱顿大学特邀教授名义，发表《以太和相对论》的报告。

1922年1月，爱因斯坦完成关于统一场论的第一篇论文。10月8日，爱因斯坦和伊丽莎在马赛乘轮船赴日本。沿途访问科伦坡、新加坡、香港和上海。11月9日，在去日本途中，爱因斯坦被授予1921年诺贝尔物理学奖。

1923年7月，爱因斯坦发现了康普顿效应，解决了光子概念中长期存在的矛盾。12月，第一次推测量子效应可能来自过度约束的广义相对论场方程。

1924年12月，爱因斯坦取得最后一个重大发现，从统计涨落的分析中得出一个波和物质缔合的独立的论证。此时，还发现了玻色—爱因斯坦凝聚。

1925年，爱因斯坦接受科普列奖章。为希伯来大学的董事会工作。发表《非欧几里得几何和物理学》。

1926年，爱因斯坦接受"皇家天文学家"的金质奖章。接受为苏联科学院院士。

1927年，爱因斯坦发表《牛顿力学及其对理论物理学发展的影响》。

1928年，爱因斯坦发表《物理学的基本概念至其最近的变化》。

1929年2月，爱因斯坦发表《统一场论》。

1931年3月，爱因斯坦从美国回柏林。12月再度去加利福尼亚讲学。为参加1932年国际裁军会议，特地发表了一系列文章和演讲。发表《麦克斯韦对物理实在观念发展的影响》。

1932年12月10日，爱因斯坦和妻子离开德国去美国。原来打算访问美国，然而，他们从此再也没有踏上德国的领土。

1933年10月，爱因斯坦定居于普林斯顿，应聘为高等学术研究院教授。

1934年，爱因斯坦文集《我的世界观》由其继女婿鲁道夫·凯泽尔编辑出版。

1936年3月，爱因斯坦声援中国"七君子"。6月同英费尔德和霍夫曼合作完成论文《引力方程和运动问题》，从广义相对论的场方程推导出运动方程。

1938年，爱因斯坦同伯格曼合写论文《卡鲁查电学理论的推广》。9月给五千年后的子孙写信，对资本主义社会现状表示不满。

1939年8月2日，爱因斯坦在西拉德推动下，致信罗斯福总统，建议美国抓紧原子能研究。

1940年5月15日，爱因斯坦发表《关于理论物理学基础的考查》。5月22日致电罗斯福，反对美国的中立政策。10月1日取得美国国籍。

1941年，爱因斯坦发表《科学和宗教》等文章。

1945年3月，爱因斯坦同西拉德讨论原子军备的危险性，写信介绍西拉德去见罗斯福，未果。4月从高等学术研究院退休（事实上依然继续照常工作）。

1950年2月13日，爱因斯坦发表电视演讲，反对美国制造氢弹。4月发表《关于广义引力论》。文集《晚年集》出版。3月18日，在遗嘱上签字盖章。

1952年，爱因斯坦发表《相对论和空间问题》《关于一些基本概论的绪论》。

1954年，爱因斯坦完成《非对称的相对论性理论》。

1955年4月18日1时25分，爱因斯坦在医院逝世。当日16时遗体在特伦顿火化。遵照其遗嘱，骨灰被秘密保存，不发讣告，不举行公开葬仪，不做坟墓，不立纪念碑。